人生を起動させる
現代波動学
再現性100%!
風の時代の働き方と生き方

SATOKI 著

セルバ出版

はじめに

私たちは日々、目に見える世界を生きています。仕事、家庭、経済、健康、人間関係。それらはすべて、私たちの「現実」として捉えられ、人生の成功や幸せを測る尺度になっています。

しかし、私はこれまでの人生の中で、目に見えるものだけがすべてではなく、むしろ「目には見えないもの」こそが、人生を根本から変える力を持っていることを体験してきました。

一人っ子の私は、喫茶店を営む両親のもとで愛されて育ちました。しかし、私が14歳の頃、父のうつ病の悪化を機に両親が離婚。その後は母と2人、風呂のないアパートで生活をしながら、生活費を稼ぐためにアルバイトに明け暮れる日々。「絶対にお金持ちになって豊かな人生を送るんだ！」この強い思いが、私を社会へと駆り立てました。

20歳でアパレル業界に飛び込み、5000人中1位の販売実績という結果を残し、最年少で管理職に昇格。その後26歳でヘッドハンティングを受け保険業界へ転身。月収は300万円を超え、32歳のとき、自信満々で起業しました。しかし、35歳のとき事業に失敗し離婚。家族も仲間も、地位も名誉も、家もお金も失い、さらに2000万円の借金を抱え、まさに人生のどん底を経験することになりました。

そのときの私は、目に見える「物質世界」だけを信じ、自分の努力や計画がすべてを決めると信じていました。しかし、どんなに頑張っても、思い通りにいかない現実に直面したある日、私は氣づいたのです。

現実は、自分の放つ「波動」が具現化しているのだと。その日から、波動を学び、波動を高めることで、現実が変わり始めるということを、私は身をもって体験しました。

そこから、波動の専門家の方々と出逢い、量子力学やスピリチュアル、帝王学をはじめとするあらゆる学問を学ぶ中で、自分自身の波動を整え、周囲の環境と調和させる方法を実践しました。

その結果、仕事においては、かつての10分の1の労力で、10倍以上の成果を生み出すことができるようになり、プライベートにおいては、素晴らしい女性と出逢い、新たな家庭を築くことができました。波動を理解し、波動を上げた結果、人生のすべてに感謝が溢れ、私は導かれるように、真に自分らしい人生を起動することができたのです。

本書『人生を起動させる現代波動学』では、私がこれまでの人生で学んできた「波動」の本質と、それを日常生活にどう活かしていくかについて、実践的な視点からお伝えします。

多くの人が、目に見えない「波動」に対して懐疑的かもしれません。しかし、私の体験や仲間たちの成功事例を通じて、「波動を整えること」が人生のあらゆる面にどれほどの影響を与えるのかを実感していただけるでしょう。

波動とは、単なるスピリチュアルな概念ではなく、人生をよりよい方向へと導くための「根源的要素」です。

本書を通じて、あなた本来の生まれ持った資質を開花させ、自分らしく豊かで幸せな人生を創造するヒントを得ていただければ幸いです。

さあ、波動を高め、あなたの人生を本当の意味で起動させましょう。

SATOKI

2025年2月

人生を起動させる現代波動学
再現性100%！　風の時代の働き方と生き方　目次

第2章　「波動」の本質を知る！　目には見えないエネルギーの世界

第3章　優しい社会をつくる「現代波動学」のすすめ

第4章 宇宙の叡智「自然界の法則」に従う生き方

第5章　「資質」という最強の才能を活かす生き方

第6章　波動を高め合う「究極のパートナーシップ」

第7章　風の時代の「ビジネス」と「働き方」

第8章　運を引き寄せる「健康な身体」のつくり方

第9章　再現率100％！　現実を劇的に変える波動コントロール奥義

第1章　風の時代を生き抜く新しいライフスタイル

1　宇宙が地球に刻む見えざる影響

私たちの住む地球は、広大な宇宙の中に浮かぶ1つの小さな存在にすぎません。しかし、宇宙から地球や私たちの生活に及ぶ影響は計り知れず、それは自然環境だけでなく、私たちの心理や社会にまで広がっています。

太陽と地球の関係

地球に最も大きな影響を与えるのが太陽です。太陽は生命を支える光と熱を提供するだけでなく、その活動が地球環境に多大な影響を及ぼします。太陽フレアやコロナ質量放出といった現象は、地球の磁場を乱し、オーロラを発生させる一方で、通信障害や電力網へのダメージも引き起こします。また、太陽放射の変動は気候にも影響を与え、長期的には氷河期や温暖期といった気候変動を引き起こす要因となることが示唆されています。

月が生み出す地球への影響

月の引力がもたらす潮汐現象は、海洋生物の行動や繁殖、さらには地球の自転速度にも影響を及ぼします。

また、月の満ち欠けが人間の感情や行動に影響を与えるという考えは科学的に完全には証明されていないものの、多くの文化や信仰が月と人間心理のつながりを重視してきた歴史があります。

惑星の配置とその影響

占星術では、惑星の配置が地球や人間の行動に影響を与えるとされます。特に木星と土星の「グレート・コンジャンクション」は、２０２０年末に「風の時代」の到来を象徴する出来事として注目されました。

このような惑星の配置は、社会の価値観や行動パターンの変化を促す要因として解釈されています。

宇宙線と地球環境

宇宙から降り注ぐ高エネルギー粒子である宇宙線は、大気と反応して放射線を生み出し、雲の形成や気候変動に影響を及ぼす可能性があります。過去の地質学的記録から、宇宙線の変動が生物の進化や絶滅と関連していることも示唆されています。

銀河的な視点からの影響

地球は銀河系内を公転しており、その位置や動きによって銀河中心から放射されるエネルギーや放射線の影響を受けています。占星術的には、地球は約２１６０年ごとに「星座の時代」を移行するとされ、現在は「魚座の時代」から「水瓶座の時代」への移行期にあります。

こうした銀河的な動きが、地球全体の意識や価値観の転換を促しているとの見解もあります。

宇宙の影響を活用した生き方

宇宙がもたらすリズムを生活に取り入れることで、私たちはより調和のとれた生き方を実現できます。

たとえば、月のサイクルに基づいた計画や、太陽エネルギーを活用した生活スタイルは、個人の幸福や社会全体の持続可能性を高める手段となります。

また、惑星配置のリズムを理解することで、時代の流れを読み取り、自身の行動を最適化することも可能です。それにより、内面的な成長が促され、自然との共鳴を深めることで、より豊かで意義のある人生を築けるでしょう。

2　自転と公転を繰り返しながら直進する太陽系の秘密

地球は太陽の周りを公転しながら自転を続けていますが、これらの運動は太陽系全体の壮大な動きの一部に過ぎません。実は、太陽系そのものも銀河系の中を驚異的な速度で移動しています。この事実は、私たちの生活環境や地球全体に深い影響を及ぼしているのです。

太陽系の運動と地球のダイナミクス

地球は1日1回自転し、1年かけて太陽の周りを公転しています。地球の自転速度は赤道付近で時速約１６７０㎞、公転速度は時速約10万０００７㎞に達します。

しかし、これらの運動は太陽系全体の動きに比べれば、さらに大きな枠組みの中に位置しています。

太陽系は銀河系の中で、時速約83万㎞の速度で「直進するように」移動しています。この動きは、銀河系のスパイラル状の腕（オリオン腕）を通過しながら進むもので、太陽を中心に惑星や小惑星が螺旋を描くような構造を持っています。

銀河系内での移動が地球に及ぼす影響

太陽系が銀河系内を進行することで、地球は常に変化する宇宙環境にさらされています。たとえば、銀河中心から放射されるエネルギーや放射線が強い領域を通過する際、地球の気候や生態系が変化する可能性があります。

また、宇宙線の量が変動することで、大気の化学組成や雲の形成が影響を受け、気候変動に繋がる可能性も指摘されています。さらに、過去の地質学的記録から、太陽系の進行運動が生物の進化や絶滅に影響を及ぼしてきたことが示唆されています。

宇宙的視点がもたらす気づき

太陽系の運動は、私たちに宇宙的な視点での時間軸を意識させます。銀河系を一周するのに約2億5000万年かかるとされ、その中で太陽系は絶え間なく環境の変化を経験しています。この壮大な旅路において、私たちがどのように進化し、環境と調和しながら生きていくかを考えることは、日常の生き方を見直すきっかけとなります。

宇宙の運動を活かす生き方

太陽系の運動を直接感じることはできませんが、その存在を認識することで私たちの意識は広がります。たとえば、太陽や地球の動きに基づいてライフスタイルを最適化することで、自然と調和した生き方が可能です。

また、宇宙の壮大な視点を持つことで、日々の悩みや問題を相対化し、自分の人生を長期的に捉える視野が得られるでしょう。

終わりなき旅の中で

太陽系の運動は終わることのない旅のようなものです。この壮大な宇宙の中で、私たちが地球と共にどのような未来を描いていくのかを考えることは、宇宙や地球への敬意を深める重要な一歩となるのです。

３　２００年ごとに訪れる「時代」の切り替わり

地球は太陽系の一部として宇宙を旅し、その動きが私たちの社会や価値観に深い影響を与えています。その一例が、占星術で語られる「２００年周期」の時代の変遷です。

この周期は、火・水・土・風という４つのエレメントが交互に支配する時代であり、木星と土星が特定のエネルギーを持つ場所で約２００年ごとに会合する現象が背景にあります。このサイクルは社会のテーマを大きく切り替え、歴史的な転換点を生み出してきました。

火の時代

火の時代は「情熱」や「創造」がテーマで、人類の進化における革新的な変化が多く見られます。戦争や革命といった劇的な出来事が新しい価値観を生み出し、社会の基盤を築く時代です。この時代には、情熱や大胆さが人々を突き動かし、変革のエネルギーが社会全体を動かします。

水の時代

次の水の時代は、「感情」や「つながり」が中心です。人々は人間関係や文化、精神性を重視し、芸術や癒しが大きく発展します。一方で、感情の暴走が社会を不安定にする側面もあり、バランスが求められる時代でもあります。

土の時代

土の時代では「物質」や「安定」が重視されます。産業革命や経済発展が象徴するように、土地や建物、現金といった「目に見えるもの」が社会の中心に置かれる時代です。競争と効率が価値観の中心にありましたが、この時代の終わりが近づくにつれ、物質的な豊かさだけでは満たされない心の課題が明らかになりました。

風の時代

現在の「風の時代」は、物質を超えた「精神性」や「調和」をテーマとしています。情報や知識の流れが加速し、テクノロジーが社会の基盤を変える一方、共感や絆といった目に見えない価値が重視されます。

この時代には、競争から「分かち合い」へのシフトが求められ、１人ひとりの資質や個性が尊重される新しい社会が形成されつつあります。

時代のテーマを活かすために

２００年周期の時代の切り替わりに適応するには、古い価値観を手放し、新しい精神的な価値を受け入れることが必要です。「風の時代」を生きる私たちは、個々の波動や資質を理解し、それを活かして調和を目指すべきです。競争ではなく調和、独占ではなく分かち合いを基盤とする新たな価値観を取り入れることで、歴史的な転換点において新しい可能性を切り開くことができるのです。

この壮大な時代の変化の中で、私たちは「風の時代」の主人公として、新しい未来を共に創り上げていく責任を持っています。

4　物質を司る土の時代とは何だったのか?

「土の時代」とは、目に見える物質的な豊かさと安定を重視する社会を象徴する時代であり、約200年続いてきました。この時代には、土地や建物といった不動産、預貯金や地位といった「所有」や「安定」が成功の基準とされ、競争と効率が重視される社会が築かれました。

物質的な基盤を追求した結果、私たちの生活は飛躍的に向上しましたが、一方で、限界や課題も明らかになっています。

土の時代の背景と価値観

土の時代は、占星術で「土」のエレメントに象徴される時代であり、現実的で目に見えるものを重視する価値観が広がりました。産業革命や資本主義の発展により、土地や資産の所有が富や権力の象徴となり、企業の成長や都市化が急速に進展しました。

この時代には、所有物が安心感やステータスを与えるとされ、「マイホーム」や「資産形成」が人々の目標となりました。また、競争と効率を追求する価値観が広がり、成果主義が社会全体に浸透しました。

土の時代の功績

物質的な発展を追求した土の時代は、多くの功績を残しました。産業革命を通じた技術革新により、インフラ整備が進み、医療や教育の普及が社会全体の生活水準を向上させました。科学や技術の進歩は、地球上の生活を大きく進化させ、物質的な豊かさをもたらしました。

これらの成果は、土の時代の価値観が生んだものです。

土の時代の課題

一方で、物質中心の価値観は多くの課題を浮き彫りにしました。まず、物質の所有に基づく社会では、富裕層と貧困層の格差が拡大し、不平等が深刻化しました。

また、経済成長のための資源の過剰消費により、環境破壊や気候変動といった地球規模の問題が発生しました。

さらに、物質的な成功に偏る価値観の中で、精神的な充足感や人々のつながりが軽視され、多くの人々が孤独感や不安を抱えるようになりました。

風の時代への移行

土の時代は終わりを迎え、私たちは現在、精神的価値を重視する「風の時代」へ移行しています。この新しい時代では、物質的な所有よりも共感やつながり、情報やエネルギーといった目に見えない価値が社会の中心となります。1人ひとりの資質や個性が尊重され、競争ではなく分かち合いが豊かさの基盤となる時代が到来しました。

土の時代を振り返る意義

土の時代が築いた物質的な基盤は、風の時代を生きる私たちにとって重要な土台です。しかし、これからは物質的な成功を超え、精神的な豊かさや調和を目指す新しい価値観を築く必要があります。

土の時代の成功と課題を振り返ることで、私たちはより調和の取れた未来を描くことができるのです。

5　情報と繋がりの風の時代が到来！

私たちはいま、「土の時代」を終え、精神性やつながりを重視する「風の時代」に突入しています。風の時代では、「目に見えない価値」が中心となり、情報やネットワーク、共感、波動などが人間関係や社会の基盤となります。

この変化は物質的な所有を追求した土の時代とは対照的であり、新たな価値観が求められる時代です。

風の時代の特徴

風の時代は、約２００年ごとに訪れる占星術的な周期の一部で、「風」のエレメントに属しています。この時代の中心は情報や知識、ネットワークといった目には見えない要素です。共有や分かち合い、自由な発想と創造性が重視され、１人ひとりの資質や個性を活かすことが求められます。

これまでの「所有すること」から、「つながること」や「共に創造すること」へのシフトが大きな特徴です。

風の時代がもたらす変化

この時代では、情報とネットワークの重要性が飛躍的に高まり、インターネットやテクノロジーを通じて瞬時に情報が共有されます。

これにより、人々のつながりが広がり、知識や価値観の多様性が尊重される社会が形成されます。

また、組織や働き方も柔軟化し、個々の資質を活かす自由なライフスタイルが普及します。たとえば、中央集権的な構造が緩やかに解体され、ネットワーク型の社会が主流となることで、個人がより主体的に活躍できる環境が広がっています。

風の時代を生きる心構え

風の時代に適応するためには、いくつかの心構えが必要です。まず、自分の資質や個性を理解し、それを活かす生き方を模索することが重要です。

また、競争ではなく分かち合いを重視し、自分の知識や経験を他者と共有することで、さらなる価値を生み出す姿勢が求められます。

さらに、柔軟性と適応力を持ち、変化のスピードに対応することが必要です。波動を高めるためには、感謝の気持ちを持ち、ポジティブな行動を心がけることも効果的です。

土の時代との比較と教訓

土の時代が物質的な所有や経済的な安定を重視したのに対し、風の時代では精神的な価値や共感が中心となります。土の時代が築いた物質的な基盤は、風の時代における新たな価値観を実現するための土台となります。

そのため、物質的な豊かさを否定するのではなく、それを活用しながら精神的な豊かさを追求することが求められます。

風の時代の実践

風の時代を生きるには、自分の波動を高め、他者と協力する姿勢が鍵となります。具体的には、資質を見つめ直し、テクノロジーやリアルな人間関係を通じて多様なつながりを広げることが効果的です。また、持続可能なライフスタイルを意識し、自然や社会と調和する生き方を実践することが新しい豊かさを築く道筋となります。

まとめ

風の時代は、物質中心から精神性とつながりを重視する社会への移行を象徴します。この時代においては、個々の資質や波動が人生の方向性を大きく左右します。競争や独占ではなく、分かち合いや協力を基盤にすることで、新しい調和の社会を築くことができるのです。

私たち1人ひとりが風の時代の価値観を理解し、それに基づいた生き方を実践することで、未来への扉を開く鍵となるでしょう。

6　風の時代を深く理解することが未来を変える鍵

私たちはいま、「風の時代」に突入しています。この時代では、土の時代の「物質中心の価値観」に代わり、「精神性」や「目に見えない価値」が重視されます。風の時代の本質を理解せずに、過去の価値観にとらわれたままでは、新しい時代の可能性を最大限に活かすことは難しいでしょう。風の時代を正しく理解することが、未来を切り開く鍵となるのです。

土の時代と風の時代の価値観の違い

土の時代は、物質的な所有や成果、競争を重視しました。土地や建物、現金といった「目に見えるもの」が成功の象徴であり、社会は効率性と安定性を追求しました。

一方、風の時代では、個人の資質や個性、人とのつながり、共感や波動といった「目には見えない価値」が中心となります。成功の基準も、物質的な豊かさから精神的な満足感や調和へと大きくシフトしています。

土の時代の価値観に固執することは、風の時代では適応を難しくする要因となります。

土の時代の限界と課題

土の時代は多くの発展をもたらしましたが、課題も顕在化しました。競争と効率を優先した結果、格差が拡大し、固定化された価値観が柔軟な変化を妨げました。また、物質的な所有を重視する社会構造は、精神的な満足感や人間関係の調和を軽視し、多くの人が孤独や不安を感じるようになりました。

これらの限界を乗り越えるために、風の時代の価値観への転換が求められています。

風の時代に適応するための鍵

風の時代を生き抜くには、新しい考え方を取り入れることが必要です。

- 波動を高める

感謝や愛の気持ちを持ち、ポジティブな習慣を日常に取り入れることが、個人の成長や幸せにつながります。

・分かち合いの精神

知識や経験を他者と共有することで、新しい価値を生み出すことができます。協力と共創が、この時代の新しい成功の基盤です。

・柔軟性と適応力

風のエレメントが象徴する「変化」に対応するためには、固定観念を手放し、新たな可能性を探る姿勢が重要です。

・個性を活かす

画一的な成功モデルではなく、自分自身の資質や個性を最大限に活用することで、風の時代の流れに乗ることができます。

土の時代の教訓を活かす

風の時代は、土の時代を完全に否定するものではありません。土の時代が築いた物質的な基盤や効率性は、風の時代においても重要な役割を果たします。

ただし、それを目的ではなく手段として活用し、精神的な豊かさや人との調和を追求することが求められます。

風の時代を理解する意義

風の時代の価値観を深く理解し、それに基づいた行動を取ることは、個人の成長や幸福に大きな影響を与えます。時代の流れを受け入れ、自分の内なる資質に目を向けることで、未来への可能性を広げることができます。この新しい時代に適応することは、私たち自身の人生だけでなく、社会全体をより調和的で豊かなものへと導く力になるのです。

7　時代の追い風に乗る方法

私たちはいま、「風の時代」という新しい価値観が求められる時代を迎えています。風の時代では、土の時代の「独占」から「分かち合い」への大きなシフトが起きています。この変化を理解し、行動に移すことが、時代の上昇気流に乗る鍵となります。

土の時代と風の時代の違い

土の時代は、不動産や預貯金といった「目に見えるもの」を独占することで地位や権力を高める時代でした。成功は、所有物や成果の多さで測られ、競争や効率性が重視されていました。しかし、この価値観は風の時代には通用しにくくなります。

風の時代では、目に見えない「つながり」や「情報」を分かち合うことが重視されます。所有よりも共有、競争よりも協力が新しい成功の基盤となり、ネットワークや共感による循環型の価値観が社会を動かします。

風の時代の「分かち合い」の重要性

分かち合いは、信頼や調和を強化し、新たな価値を生む原動力です。たとえば、情報を他者と共有することで、より多くの知識や人脈が集まり、個人や社会に恩恵をもたらします。

また、有益な人脈やリソースを他者とつなぐことで、信頼の輪が広がり、新たな可能性が生まれます。物質的な所有ではなく、つながりや循環を通じて得られる精神的な満足感が風の時代の豊かさの基盤となります。

分かち合いを実践する方法

風の時代で分かち合いを実践するには、次のアプローチが有効です。

- 情報の共有

ＳＮＳやブログ、オンラインプラットフォームを活用して、自分の知識や経験を発信する。これにより、多くの人とつながり、新たな価値を創出できます。

- 人脈の拡大と橋渡し

有益な人脈を他者と共有し、互いの成長を支える。これにより、信頼と協力のネットワークを広げられます。

- 物やリソースの共有

シェアリングエコノミーを活用し、必要なものを効率的に共有することで、持続可能なライフスタイルを実現します。

- スキルや経験の提供

自分の得意分野や知識を他者に伝え、相互成長を目指す。これにより、コミュニティー全体が豊かになります。

分かち合いのメリットとリスク克服

分かち合いによる最大のメリットは、「信頼」と「調和」です。他者と協力することで、自分1人では解決できない問題を乗り越え、社会全体の成長に寄与します。

分かち合いにはリスクもありますが、それを不安視するのではなく、「分け合うことで価値が増幅する」という循環型の考え方を信じることが大切です。

風の時代における新しい豊かさ

風の時代では、豊かさは「所有」ではなく「共有」によって生まれます。知識や経験、つながりを循環させ、新しい価値を創出することが上昇気流に乗る方法です。

自由で柔軟な発想を持ちながら、他者との調和を意識する生き方が、この時代を豊かに生きるための鍵となるでしょう。

8　風の時代に必要な「学び」とは

私たちは「風の時代」に突入し、新しい価値観の中で生きることを求められています。この時代では、物質的な豊かさを重視した「土の時代」とは異なり、「目には見えないもの」の価値が中心となります。その根底にあるのが「波動」です。波動とは、すべての物質や感情、意識を構成するエネルギーであり、私たちの現実や人間関係に大きな影響を及ぼします。

思考や感情が波動を変え、引き寄せる現象も変わるため、意識的な選択が重要となります。風の時代を豊かに生きるためには、波動の理解と活用が欠かせません。この新たな学びが、未来を変える鍵となるでしょう。

波動とは何か？

波動は、すべての物質やエネルギーが持つ振動を指します。量子力学の観点では、物質はエネルギーの塊であり、微細な振動を続けています。この振動が「波」として伝わることから波動と呼ばれます。

波動は物理的なものだけでなく、感情や意識にも影響を与えます。ポジティブな感情は高い波動を、ネガティブな感情は低い波動を生じさせます。波動を高めることは、自分自身の成長や人間関係の調和、現実の創造に直結します。

風の時代における波動性の重要性

風の時代では、精神性や共感といった「目に見えない価値」が中心となります。波動は、こうした価値観の中核をなす存在であり、自分の波動を高めることで、人や社会とのつながりを深め、現実を好転させることができます。

また、風の時代の特徴である「分かち合い」や「協力」を実現するためにも、波動の意識は欠かせません。

自分の波動が他者に与える影響を理解することが、この時代を生き抜くための基本的なスキルとなります。

波動を教育に取り入れる理由

従来の教育は、専門知識やスキルの習得が中心でしたが、風の時代には波動の理解と活用が重要視されます。

・自己理解の向上

波動を学ぶことで、自分の感情やエネルギーの状態を客観的に把握し、自分らしさを最大限に発揮できます。

・人間関係の円滑化

波動を整えることで他者との調和が生まれ、よりよい人間関係が築けます。

・現実創造の力の強化

高い波動を保つことで、ポジティブな現実やチャンスを引き寄せる力が向上します。

具体的な教育内容

風の時代の必須教育として、次のカリキュラムが考えられます。

・波動の基礎知識

波動の科学的背景や、感情や意識への影響を学ぶ。

・波動を高める実践

呼吸法や感謝の習慣を通じて、波動を整えるスキルを習得する。

- 波動とコミュニケーション

波動を意識した非言語的コミュニケーションや調和を生む対話法を学ぶ。

- 現実創造のワークショップ

波動を活用してポジティブな現実を引き寄せる方法を探求する。

波動教育がもたらす未来

波動の理解と実践を教育に取り入れることで、人々は自己の成長や社会との調和を実現できます。この学びは、従来の競争を強調する教育とは異なり、分かち合いや協力を重視します。その結果、個々の幸福感が高まるだけでなく、社会全体の質の向上にも寄与します。

風の時代にふさわしい教育が普及すれば、争いの少ない調和的な社会が実現し、私たちは新しい集合意識のもとで平和を築くことができるのです。

9　心も物質も満たされる新時代の社会

私たちは「風の時代」という新たな時代を迎えています。この時代は、火・水・土・風の4つのエレメントが約800年かけて循環するサイクルの最終章であり、物質的な所有を超え、精神的な豊かさと調和を重視する時代です。

地球全体の波動上昇や人類の意識進化によって、争いのない平和な社会の実現が現実味を帯びています。物心共に豊かな社会を築く鍵は、私たち1人ひとりの意識の変革にあります。

風の時代の特徴

風の時代は、これまでの火の時代（創造）、水の時代（感情）、土の時代（物質）を統合し、調和をテーマとする最終章です。

土の時代が物質的な成功や安定を追い求めたのに対し、風の時代では精神的な豊かさやつながりが重視されます。物質と精神のバランスを取ることで、真の豊かさを実感する時代となるのです。

地球の波動上昇と意識進化

この時代の特徴は、地球全体の波動が上昇していることです。これに伴い、私たち人類の意識も進化しています。波動が高まることで、ポジティブな感情やエネルギーに共鳴しやすくなり、人間関係や社会全体の調和が促進されます。

また、環境保護や持続可能なライフスタイルが当たり前となり、自然との調和が進むでしょう。この波動上昇は、平和な社会の土台となります。

人類のアセンションと新しい価値観

風の時代では、「アセンション」と呼ばれる意識進化が進みます。個人の成長を超え、集合意識全体が高次元の意識へと移行することで、争いのない社会が実現します。

この変化は、感謝や愛、思いやりといった高い波動を日々の生活で実践することで促進されます。

こうして、人々が物心共に満たされる社会が形づくられていきます。

争いのない平和な社会の構築

風の時代の社会では、競争や独占ではなく、分かち合いや協力が豊かさの基盤となります。人々が互いの個性や資質を尊重し合うことで、無駄な対立が消え、調和が生まれます。精神的な豊かさが重視されることで、搾取や傷つけ合いが減り、全体が調和した理想的な社会が実現します。

新時代に向けた実践

物心共に豊かな社会を築くために、私たちは次のことを実践できます。

- 波動を高める

感謝やポジティブな感情を育む習慣を取り入れ、自己の波動を整える。

- 分かち合いの精神

知識や経験を他者と共有し、豊かさを循環させる。

- 自然との調和

持続可能なライフスタイルを意識し、環境を守る行動をとる。

- 意識的なつながり

他者との共感や思いやりを基盤にした人間関係を築く。

未来への希望

風の時代は、地球と人類の進化を象徴する転換期です。1人ひとりが波動を高め、自分の資質を活かしながら他者と調和して生きることで、物心共に満たされた社会が実現します。この新しい時代の可能性を信じ、行動することで、平和で幸せな未来を共に築いていきましょう。

第2章

「波動」の本質を知る！
目には見えないエネルギーの世界

1　この世界のすべてを形づくる「素粒子」とは

宇宙、地球、自然、建物、そして私たち自身。これらすべては、非常に小さな粒子「素粒子」で構成されています。素粒子は物質やエネルギーの基本単位であり、私たちの世界の根源を担う存在です。これらを理解することは、物理的な世界を深く知るだけでなく、私たちの存在や価値観にも大きな影響を与えます。

世界の最小単位「素粒子」

素粒子とは、物質を構成する最小の単位です。たとえば、体を構成する細胞を分子、分子を原子、原子をさらに細かく分けると、最終的に素粒子へとたどり着きます。

これ以上分割できないため、素粒子は「世界の最小単位」と呼ばれています。これらが組み合わさることで、私たちが見たり触れたりできるすべての物質が形づくられています。

素粒子の種類と役割

科学者たちは、素粒子には大きく2つの役割があることを突き止めました。

・物質をつくる粒子

たとえば「クォーク」や「電子」は、原子や分子を構成する基本的な粒子です。これらが集まることで、私たちの体や物質が形成されます。

・力を伝える粒子

物質同士の引力や反発、光の伝播など、力やエネルギーを媒介する粒子です。たとえば「光子」は光を伝える粒子で、私たちが見る光や電磁波を生み出します。

この２つの粒子が相互に作用することで、この世のあらゆる現象が生まれます。

素粒子の発見と科学の進歩

これまでに17種類の基本的な素粒子が確認されています。19世紀末に電子が発見されたのを皮切りに、20世紀には陽子や中性子、光子などが次々と明らかにされました。

２０１２年には、物質に「質量」を与える働きを持つ「ヒッグス粒子」の発見も大きな話題となり、素粒子研究はさらに進展しています。

素粒子が持つ重要な役割

素粒子は単に物質を構成するだけでなく、エネルギーや力を生み出し、世界の基本的な性質を決定しています。たとえば、素粒子の動きや振動が、光や熱、さらには重力や磁力を生み出す元となっています。

さらに、素粒子が宇宙全体を構成する基本単位であるため、私たちの体から遠くの星々まで、すべてが素粒子によってつながっています。この科学的な事実は、「私たちはすべてつながっている」というスピリチュアルな感覚とも共鳴します。

素粒子と波動の関係

素粒子は常に動き、振動しています。この振動によってエネルギーの波「波動」が生まれます。波動は、私たちの感情や意識、さらには周囲の環境にも影響を与えます。素粒子の振動を理解することは、目に見えないエネルギーの影響を知る重要な鍵となります。

素粒子が示す新たな視点

素粒子が世界の根源であることを知ると、私たちの存在や日常の物事を新しい視点で捉えられるようになります。すべての物質やエネルギーが共通の素粒子でできていると知ることは、科学的な理解を超えて、調和や一体感をもたらします。

風の時代において、「波動」の重要性が注目される中、素粒子の働きを学ぶことは、私たちが新しい価値観を築き、より豊かに生きるための基盤ともなるのです。

2　波動の正体とは、振動が生むエネルギーの力

この世のすべては、素粒子という極小の粒子が振動することで成り立っています。この振動によって生じるエネルギーの波が「波動」です。

波動は、物質やエネルギーを構成するだけでなく、私たちの感情や意識、さらには周囲の環境にも影響を与える重要な存在です。その正体を理解し、活用することは、豊かで調和の取れた生き方を実現する鍵となります。

素粒子が生む波動とは

素粒子は常に動き、振動しています。この振動が波動を生み、物質や力を形づくるエネルギーとなります。たとえば、電子の振動は電気を運び、光子の振動は光や電磁波として私たちに届きます。

このように、素粒子の種類や振動の特性によって、波動が持つエネルギーや性質が決まるのです。

波動の種類と性質

波動には、振動の速さや強さといった性質があります。

・速い波動と遅い波動

振動が速い波動は高エネルギーを持ち、感謝や愛といったポジティブな感情を生み出します。一方、振動が遅い波動はエネルギーが低く、不安や怒りなどネガティブな感情に結びつきます。

・強い波動と弱い波動

波動の強さは振動の「振幅」によって決まり、強い波動は周囲に大きな影響を与えます。一方で、弱い波動は影響が限定的です。

これらの性質により、波動は私たちの感情や意識、さらには物理現象にも影響を及ぼします。

波動を数値化する「周波数」

波動は目に見えないため、その性質を数値化した「周波数」で表されます。周波数は、1秒間に波が振動する回数を示す単位で、「ヘルツ（Hz）」で表されます。たとえば、音の波動は周波数として表現され、低い周波数は低音、高い周波数は高音として感じられます。

同様に、光の波動も周波数によって色が決まり、低い周波数は赤色、高い周波数は青色として見えます。人間の感情や意識も波動の周波数として表現できます。

感謝や喜びは高い周波数を持ち、怒りや恐れは低い周波数を持つとされています。この概念により、波動の特性をより具体的に理解することが可能です。

波動の応用と私たちへの影響

波動の理解は、日常生活にも役立ちます。音楽や色彩療法では、特定の周波数を持つ音や光を活用して心身のバランスを整えることが行われています。

また、感謝や愛といったポジティブな感情を意識的に持つことで、自分の波動を高め、よりよい現実を引き寄せることが可能です。

さらに、高い波動を持つ人や環境に身を置くと、自分自身の波動も自然に高まります。

まとめ

波動とは、素粒子の振動が生むエネルギーの波であり、物質やエネルギーの性質を決定します。波動には速さや強さの違いがあり、これらは私たちの感情や意識、さらには環境にも影響を及ぼします。「周波数」という概念を使えば、この見えないエネルギーを理解しやすくなり、日常生活に応用することができます。

3　現実世界の本当の姿

私たちが「現実世界」と呼ぶものは、目で見える光や色、形、耳で聞こえる音など、人間の感覚器官を通じて認識できる範囲に限定されています。しかし、この「見える世界」は、広大なエネルギーや波動が存在する現実全体のほんの一部分に過ぎません。

私たちの認識は、実際には非常に限られており、目には見えない世界を理解することで、現実の本当の広がりに気づくことができるのです。

人間が目で見える世界：可視光線

私たちの目で見える光は「可視光線」と呼ばれ、380〜700ナノメートルの波長範囲に限定されています。この範囲にある光だけが「見える」世界として認識されますが、それ以外にも赤外線、紫外線、X線、マイクロ波など、多様な光の波長が存在します。

これらは私たちの目では直接感知できませんが、宇宙や自然界の一部として確かに存在しており、現実を形づくっています。

〔図表１　可視光線〕

人間の目に見える現実世界である「可視光線」は全周波数帯のうち【約５％】

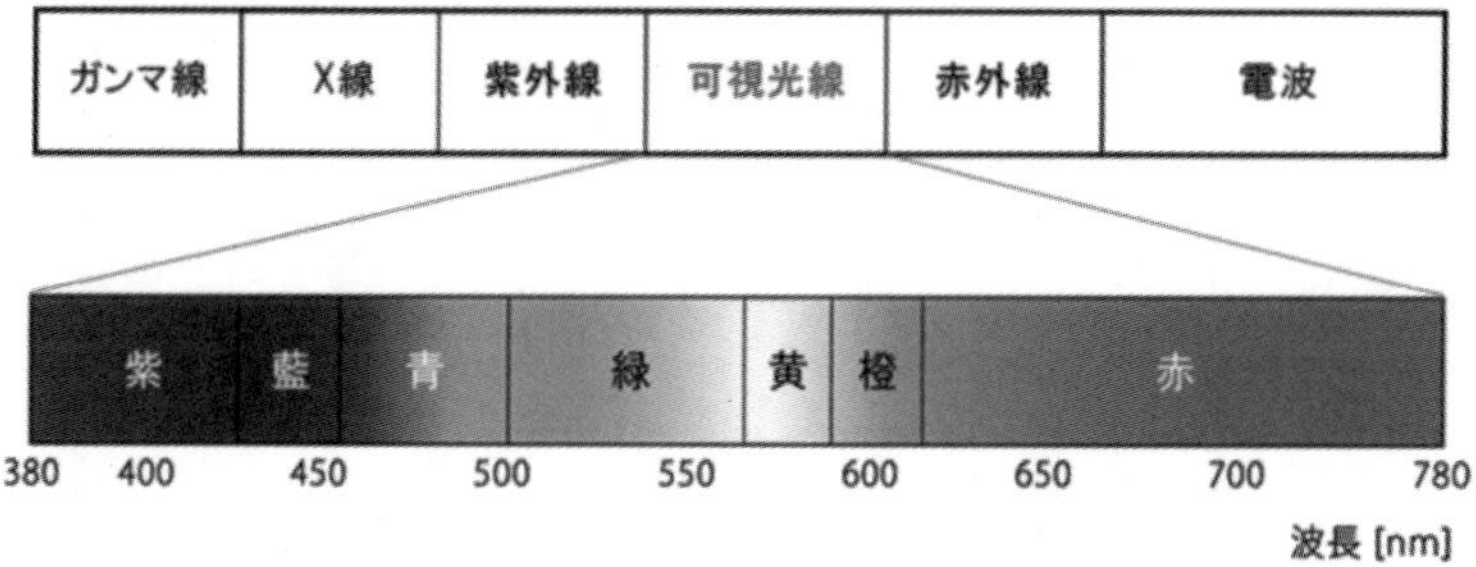

可視光線は全周波数帯のわずか５％

科学的に見ると、可視光線は宇宙に存在するすべての周波数帯のわずか５％に過ぎません。残りの95％は、人間の目では捉えることができない波長に属しており、赤外線カメラや紫外線カメラなどの技術を使って初めて観測可能となります。

この５％という狭い範囲を基に私たちは「現実」を理解しているのです。言い換えれば、私たちが認識している現実は、広大な砂漠の中の一粒の砂に過ぎません。

見えない世界を探る技術とその可能性

私たちの感覚器官では捉えられない波動やエネルギーを探るために、赤外線や紫外線の技術が役立っています。赤外線カメラは熱分布を可視化し、紫外線カメラは太陽のエネルギーの影響を観測します。

これらの技術は、私たちの知覚を補完し、見えない現実を明らかにする手段として重要です。

見えない世界と現実の理解

人間の目に見える可視光線は、目に見えないエネルギーや波動と密接に結びついています。現実は、目に見える部分（5％）だけでなく、目に見えない広大なエネルギーの領域（95％）によって支えられています。感情や意識、環境もまた、波動やエネルギーの一部として現実を形づくっています。

目に見えない95％を活用する

現実をよりよくするには、目に見える5％の世界にだけ囚われず、残りの95％のエネルギーや波動を理解し、活用することが重要です。

たとえば、ポジティブな感情や意識を育むことで、自分の波動を高め、目に見える世界（現実）に好影響を与えることができます。

逆に、5％の範囲で物質や他者を操作しようとする行動は、狭い視点に囚われたアプローチとなり、限界があります。

まとめ

「現実世界」とは、私たちの目で見て認識できる可視光線を中心にした限られた世界ですが、それは全体のほんの一部に過ぎません。残りの95％の目に見えないエネルギーや波動が、現実の大部分を支えています。

この見えない世界を理解し活用することで、私たちは現実をより深く知り、豊かな人生を築くことができるのです。

広がる現実の全体像に目を向け、見えない部分の力を信じ、活用することこそが、これからの新しい生き方の基盤となります。

4　波動が引き起こす相互作用

私たちの世界は、物質、エネルギー、感情のすべてが持つ「波動」によって構成されています。

波動とは振動するエネルギーそのものであり、私たちが発する波動は他の波動と相互作用しながら現実を形づくっています。この仕組みを理解し、活用することは、豊かで調和の取れた人生を築く鍵となります。

波動性と相互作用

波動性とは、すべての振動が互いに影響し合う性質を指します。たとえば、楽器の音が空間に響き渡るように、私たちの言葉や感情も波動を生み出し、周囲に伝播します。他者の波動と出会うと「重なり合う」または「ぶつかり合う」相互作用を生じます。

明るくポジティブな人のそばにいると気分がよくなるのは、相手の波動が自分の波動と共鳴し、引き上げているためです。

同調と波動共鳴のメカニズム

波動の相互作用で重要なのが「同調」と「波動共鳴」です。

・同調

似た波動同士が影響し合い、同じ振動を共有する現象です。ポジティブなエネルギーの中では自然と自分もポジティブになりやすく、逆にネガティブな環境ではその影響を受けることもあります。

・波動共鳴

ある波動が別の波動と重なり合い、効果を増幅させる現象です。たとえば、高い波動である感謝や愛を発すると、それに共鳴する出来事や人々が引き寄せられます。同様に、ネガティブな波動も共鳴し、負の現象を招きます。

波動が現実を形づくる仕組み

波動は「出したら来る」という法則で現実を形成します。自分が発する波動に共鳴する出来事が、自分の体験として引き寄せられるのです。

感謝や喜びを発すれば、それに見合ったポジティブな出来事が引き寄せられ、怒りや不満を出せば、トラブルやストレスの原因が現れます。この現象は、私たちの意識が波動を生み出し、それが現実に反映される仕組みでもあります。内なる感情や考え方が外の世界を形づくるため、ポジティブな意識を保つことが重要です。

波動を活用して現実を変える

波動の法則を活用するためには、自分の波動を意識的に高めることが必要です。

・感謝の習慣

感謝は最も高い波動を持つ感情の１つで、日々感謝を表現することでポジティブな現実を引き寄せます。

・ポジティブな言葉の使用

「ありがとう」「楽しい」などの言葉を使うことで、ポジティブな波動が増幅されます。

- ネガティブな影響を避ける

ネガティブな感情や環境に引きずられないように意識し、必要であれば距離を置くことも効果的です。

まとめ

波動とは私たちが発するエネルギーの振動であり、それが他の波動と相互作用することで現実を形づくります。同調や波動共鳴によって、私たちの波動は周囲に影響を与えるだけでなく、自分自身にも戻ってきます。ポジティブな波動を発し続けることで、よい現実を引き寄せ、豊かで調和の取れた人生を築くことができます。

波動を意識し、日々の生活に活用することは、私たちが幸せな未来を創るための強力なツールとなるでしょう。

5　簡単に変わる波動と、変わらない波動の違い

世界はすべて波動で成り立っており、物質やエネルギー、感情など、それぞれが独自の

振動を持っています。その中でも、波動が変わりにくいものと、簡単に変化するものがあります。

この違いは、その物質や存在の構造や性質に起因しています。最も波動が安定しているものの1つは石であり、最も変わりやすいものの1つは人間です。この違いは、私たちに多くの示唆を与えます。

波動が変わりにくい石

石は非常に安定した波動を持ち、その性質は物質構造によるものです。石を構成する分子や原子は密接に結びついており、外部からの振動や影響を受けにくいため、その波動が変化することはほとんどありません。この安定性ゆえに、石は現代のテクノロジーにも活用されています。

たとえば、スマートフォンやコンピュータのメモリーチップにはシリコン（石の一種）が使用されています。シリコンの安定した波動は、データを長期間正確に保持する能力に優れています。スマホ内の写真やデータが何年経っても変わらないのは、この安定した波動のおかげです。このように、波動が変わりにくい石は、安定性が求められる場面で重要な役割を果たしています。

波動が変わりやすい人間

一方で、人間の波動は非常に変わりやすい性質を持っています。これは人間が「感情の生き物」であり、日々の思考や感情の変化が波動に直接影響を与えるためです。喜びや感謝といったポジティブな感情は高い波動を生み出し、自分や周囲によい影響をもたらします。一方で、怒りや不安といったネガティブな感情は低い波動を生み、悪影響を及ぼすこともあります。

また、環境や人間関係、身体の状態なども波動に影響を与えます。たとえば、ストレスフルな環境にいると波動が下がり、ポジティブな人々に囲まれると波動が高まります。このように、人間の波動は常に変化し続け、外的・内的要因に敏感に反応するのです。

波動の違いから学べること

石と人間の波動の違いは、それぞれの特性を示しています。石の安定性は、変化を受け入れない場面での強みを表し、記憶や保存、耐久性が求められる用途に適しています。

一方で、人間の波動が変わりやすい性質は、成長や進化、自己改善の可能性を秘めています。人間は波動が変化しやすいからこそ、自分の感情や環境を意識的に整えることで、高い波動を維持し、人生をよい方向へと導くことが可能です。

たとえば、感謝や愛といったポジティブな感情を育むことで、自分の波動を高め、周囲にもよい影響を与えることができます。

まとめ

石のように波動が変わりにくいものは、安定性や永続性が必要な場面で役立ちます。一方、人間は波動が変わりやすい性質を持ち、これを活かすことで成長や変化の可能性を広げることができます。

この特性を理解し、ポジティブな感情や行動を意識的に選ぶことで、自分の波動を高め、よりよい人生を築くことができるのです。波動の性質を活用することで、安定性と変化のバランスを取りながら、豊かで調和の取れた生き方が実現できるでしょう。

6 「感情」も波動の一部だと知る！

私たちの感情には、それぞれ固有の波動があり、この波動は自分自身だけでなく、周囲の環境や人間関係にまで影響を及ぼします。感情の波動を理解するために、ホーキンズ博士が提唱した「意識のマップ」は有用です。このマップでは、感情を波動の高さに応じて

〔図表２　感情の数値〕

感情の数値

【ポジティブ】		【ネガティブ】	
悟り	700〜1000	勇気	200
平穏	600	誇り	175
喜び	540	怒り	150
愛	500	欲望	125
理性	400	恐怖	100
受容	350	悲哀	75
意思	300	無気力	50
中立	250	罪悪感	30
		恥	20

数値化し、それぞれがどのようなエネルギーを持つかを明らかにしています。

感情の波動を知り、高めることは、より豊かで調和の取れた人生を築くための鍵です。

ホーキンズの「意識のマップ」

ホーキンズ博士は、感情を0から1000のスケールで表し、波動の高さを数値化しました。たとえば、羞恥（20）や恐れ（100）は低い波動を持ち、愛（500）や平穏（600）は高い波動を持つ感情として分類されています。

特に、勇気（200）はネガティブな波動からポジティブな波動への転換点とされています。一方、プライド（175）は一見ポジティブに見えるものの、自己評価を他者との比較に依存するため、不安定でネガティブな影響を及ぼしやすい感情とされています。

感情の波動が現実に与える影響

感情の波動は、私たちの意識や現実に直接的な影響を与えます。低い波動（罪悪感や恐れ）は、自分自身や他者との関係を悪化させるエネルギーを生み出し、ネガティブな出来事を引き寄せます。

一方で、高い波動（感謝や愛）は調和や幸福を引き寄せ、周囲の環境をよい方向へと導きます。たとえば、感謝の気持ちを持つことで、自分の波動が高まり、それに共鳴するポジティブな出来事が起こりやすくなるのです。

勇気とプライドの違い

勇気（200）はポジティブな波動の始まりを象徴し、変化や挑戦を受け入れる意志を生み出します。ただし、自己防衛や戦う姿勢に基づくため、完全に高い波動とは言えません。

一方、プライド（175）は成功や地位に満足する感情ですが、他者との比較による優越感に依存しているため、持続性がなく波動も低いとされています。

これらの感情を超え、さらに高い波動である感謝や愛を意識することが重要です。

波動を高めるための実践

感情の波動を高め、よりよい現実を創るためには、次の実践が役立ちます。

・感謝の習慣

感謝は最も高い波動を生む感情の1つです。日々感謝の気持ちを意識的に抱くことで、自分の波動を高めることができます。

・高い波動を持つ環境に身を置く

自然やポジティブなエネルギーを持つ人々と触れ合うことで、自分の波動も引き上げられます。

・リラックスと平穏を意識する

静かな時間を持ち、自分の内面を整えることが、波動を高める基盤となります。

まとめ

感情はそれぞれ固有の波動を持ち、私たちの意識や現実に大きな影響を与えます。ホーキンズの「意識のマップ」は、感情の波動を理解するための指針を提供し、どの感情がポジティブで、どの感情がネガティブなのかを明確に示しています。

勇気やプライドといった感情を超え、感謝や愛、平穏といった高い波動を意識的に育むことで、より幸福で豊かな人生を築くことができるでしょう。感情の波動を理解し、それを日々の生活に活用することが、現実を好転させる第一歩です。

7　感情の波動を高めるコミュニケーション術

コミュニケーションは、言葉だけでなく、感情や波動を交換する行為でもあります。感情にはそれぞれ固有の波動があり、この波動は相手との関係性や伝わり方に大きく影響します。

ホーキンズ博士の「意識のマップ」によると、感情の波動が大きく異なると、理解や共感が難しくなることがわかっています。感情の波動を理解し、それを高める方法を学ぶことで、より深い信頼関係を築くことが可能です。

感情の波動とその影響

ホーキンズ博士は、感情を波動の高さに応じて０から１０００のスケールで分類しました。たとえば、低い波動の感情（恐れ１００や怒り１５０）はネガティブなエネルギーを生み出し、高い波動の感情（愛５００や喜び５４０）はポジティブなエネルギーを引き寄せます。

この波動の差が大きい場合、コミュニケーションにおいて次の問題が生じやすくなります。

- 誤解やすれ違い

高い波動のメッセージが、低い波動の状態にいる相手には「押しつけ」に感じられる場合があります。

- 感情の反発

相手がメッセージを「遠すぎる」と感じ、拒否的な態度を示すことがあります。

- 心のつながりの欠如

波動の差が大きいと共鳴が生まれにくく、表面的なコミュニケーションにとどまりがちです。

波動の差を超えるための工夫

波動の差が大きい相手と良好なコミュニケーションを築くためには、次の工夫が有効です。

- 相手の波動に寄り添う

相手がどのような感情にいるかを察し、まずはその波動に合わせることが重要です。たとえば、恐れや不安を抱える相手には、安心感を与える中立的な言葉や態度で接するとよいでしょう。

・シンプルで共感しやすい言葉を使う

理論や抽象的な概念よりも、具体的でわかりやすい言葉が効果的です。共感を生むフレーズを意識して使うことで、相手の波動を少しずつ引き上げられます。

・ポジティブな波動を維持する

相手に寄り添いつつ、自分の波動を下げすぎないことが大切です。自分がポジティブな波動を保つことで、相手の波動を引き上げるきっかけをつくることができます。

・感謝と励ましを取り入れる

感謝や励ましの言葉は、どんな波動にいる相手にも効果的で、信頼や安心感をもたらします。

波動を理解した調和的なコミュニケーション

感情の波動を理解し、相手に寄り添ったコミュニケーションを行うことで、信頼関係が深まり、相手の波動も自然に引き上げられます。

このアプローチは、単なる理論ではなく、相手への思いやりや尊重を実践するための重要なスキルです。自分自身の波動を高めつつ相手と接することで、感情の違いを超えた深いつながりを育むことが可能です。

まとめ

感情の波動を理解することは、コミュニケーションを深めるための強力なツールです。波動の差が大きい場合でも、相手の波動に寄り添いながら、自分のポジティブな波動を保つことで、調和的な関係を築くことができます。

感謝や共感を意識したコミュニケーションを心がけることで、互いに感情の波動を高め合い、より豊かで調和の取れた人間関係を築けるでしょう。

8　感情が創り出す実体経済

経済は物理的な数字や物資だけで成り立つものではなく、そこには人々の感情や意識の波動が深く関与しています。感情は集合的な波動として社会全体に影響を与え、経済活動の推進力や変化の原動力となります。

戦後の日本が高度経済成長を遂げた背景にも、感情と波動が大きな役割を果たしていました。

戦後日本の低い波動からの出発

第二次世界大戦の敗戦直後、日本全体は「恥（Shame）」「無気力（Apathy）」「悲哀（Grief）」といった低い波動に覆われていました。荒廃した国土と失意の中で、多くの人々は希望を失い、行動を起こすエネルギーを持てない状態にありました。

しかし、この状況を打破するために、日本人は感情の波動を徐々に引き上げていきました。

怒りから勇気・誇りへの波動転換

復興期の日本では、「怒り（Anger）」が波動を上げるきっかけとなりました。ここでの「怒り」は、ただの暴力的な感情ではなく、「現状を変えたい」「再び立ち上がりたい」という強い意志を伴うものでした。

このエネルギーを基に、政府や教育機関は「勇気（Courage）」や「誇り（Pride）」といった感情を国民に促しました。スローガンや政策を通じて人々に挑戦の精神を植え付け、オリンピックや万国博覧会などの象徴的なイベントで日本人に誇りを持たせました。

こうして感情の波動が高まり、行動力が引き出され、日本は高度経済成長期を迎えました。

感情の波動が経済を動かす理由

経済活動は人々の「行動」に依存しており、その行動は感情の波動に大きく左右されます。低い波動にあるとき、人は無気力になり、リスクを避け行動を控えます。

一方、勇気や誇りといった感情に基づく高い波動にあるとき、人は挑戦し、新しい価値を生み出そうとします。戦後の日本は、集合意識としてこの高い波動を共有することで、経済の復興を成し遂げたのです。

波動を上げる意識の重要性

人は本能的に自分の波動を上げ、よりよい未来を築こうとします。波動を上げるとは、単にポジティブな感情を持つだけでなく、自分の可能性を引き出し、高次元の生き方を目指すことです。

戦後の日本が示したように、集合意識の波動を高めることは、個人の幸福だけでなく社会全体の発展にもつながります。1人ひとりが感情の波動を意識し、それを高める努力をすることで、経済的にも精神的にも豊かな社会が実現します。

まとめ

感情の波動は経済に大きな影響を与えます。戦後日本では、低い波動から出発し、怒りを原動力に勇気や誇りへと移行することで、高度経済成長を実現しました。この過程は、感情の波動を意識的に高めることの重要性を物語っています。

波動を理解し高めることで、個人も社会もより豊かで調和の取れた未来を築けるのです。

9　幸運を引き寄せるために「徳」を積もう

「徳を積む」という行為は、私たちの人生や社会全体にポジティブな影響をもたらす重要な概念です。徳は、他者に対して価値を与える行為を通じて、自分の波動を高め、よりよい未来を引き寄せる基盤を築きます。

この考え方は、ビジネスや人間関係、日常生活のあらゆる場面で役立つ普遍的な原理です。積んだ「徳」は目には見えなくとも、巡り巡って自身に還ってくるため、持続的な幸福と成功を生み出す源となるのです。

徳と宇宙貯金の関係

ビジネス界では、徳は信頼や価値を生む行為として重視されます。誠実なサービスの提供や良好な関係構築が、目に見えない形で成功をもたらします。一方、スピリチュアルの分野では、これを「宇宙貯金」と呼びます。善意や感謝、奉仕などの行為がエネルギーとして自分に蓄積され、豊かさを引き寄せるとされています。

このように、与える行為が自分の波動を高め、結果的に幸福や成功をもたらす点は、両者に共通する原則です。

お金と波動の関係

経済活動も、感情や波動が絡んでいます。お金を払う行為には2つの側面があります。1つは、良質な商品やサービスに支払うことで自分の波動を高めること。美味しい食事や感動的な体験などがこれに当たります。

もう1つは、トラブルを未然に防ぐために支払う行為です。保険や快適な住環境への投資は、波動を下げないための手段と言えるでしょう。

お金は単なる取引の道具ではなく、波動を高めるためのエネルギー循環の一部と考えられます。

無償の与える行為が持つ力

徳を積む最良の方法は、見返りを期待せずに他者に価値を与えることです。優しい言葉をかけたり、感謝の気持ちを伝えたりする行為は、小さな努力でありながら大きな波動を生みます。

このような行為は自分の波動を高めるだけでなく、周囲の波動も引き上げ、やがて自分に恩恵として返ってきます。与えることができる心の余裕が、幸福を引き寄せる鍵となるのです。

徳を積むと運がよくなる理由

徳を積む人は、自然界のエネルギーの法則と調和しています。与えたものが返ってくるというエネルギー循環の中で、調和した生き方が幸運やチャンスを引き寄せます。これは一朝一夕に実現するものではありませんが、日々の意識的な行動によって徳は積み重なり、豊かで調和の取れた人生を形づくります。

まとめ

徳を積むことは、単なる自己満足ではなく、自分の波動を高めると同時に、社会や他者にポジティブな影響を与える行為です。感謝や善意、無償の奉仕は、自分のエネルギーを高め、幸運を引き寄せる力を持っています。

徳を積むことは、単なる自己満足や精神的な概念ではなく、宇宙のエネルギー循環の一環として働く普遍的な法則です。

私たちは日々、さまざまな選択を通じてエネルギーを発しています。誠実な行動、親切な言葉、他者への配慮といった小さな積み重ねが、自分の波動を高めるだけでなく、周囲にもよい影響を与えます。特に、「見返りを求めずに与える」という姿勢は、エネルギーの純度を高め、より強力な徳として蓄積されていくのです。

また、スピリチュアルな視点からは、これらを「宇宙貯金」といい、未来において思いがけない形でその恩恵が返ってくるとされています。

私たち1人ひとりが他者との関わりの中で善意を広げることで、より調和の取れた社会が形成され、そのエネルギーが循環していきます。これは単なる理想論ではなく、実際に成功している多くの人々が実践している生き方でもあります。

すべてに感謝し、与えることを実践することで、私たちは調和した人生を送り、自然界のエネルギー循環と共鳴することができます。そして、そのシンプルな行動こそが、豊かな未来へとつながる第一歩なのです。

第3章　優しい社会をつくる「現代波動学」のすすめ

1　人をコントロールするな！　波動をコントロールせよ！

現実をよりよく変えるためのアプローチには、２つの方法があります。

１つは目に見える行動や言葉で人や状況を直接コントロールする方法。もう1つは、目に見えない「波動」を整えることで現実を変える方法です。

目に見える部分だけに働きかける行動は、短期的な効果に留まりがちですが、波動にアプローチすることは、長期的かつ本質的な変化をもたらします。

可視光線５％の現実操作の限界

私たちが目で見て認識している現実は、全体のわずか「可視光線５％」に過ぎません。この範囲内で説得や命令を用いて人をコントロールしようとする行為は、効果が限定的で、しばしばストレスや摩擦を生み出します。

たとえば、相手に自分の意見を押し付けると、相手は反発し、状況はかえって悪化することがあります。

これは物理の法則と同じく、「押せば押し返される」力が働くためです。

目に見えない95%の波動に働きかける

現実を根本から変えたいなら、目に見えない95%の波動に注目すべきです。波動とは、すべての物質やエネルギーが持つ振動であり、これが現実の基盤を形づくっています。自分自身の波動を整えることで、目に見える5%の現実にも好影響を及ぼします。

たとえば、感謝や誠実さといった高い波動を持って接すれば、自然と相手の態度や環境が穏やかに変化することがあります。

強制ではなく「場」を整える

波動をコントロールするとは、直接的な力ではなく、環境や場のエネルギーを整えることを意味します。

たとえば、暑い日に涼しいエアコンの風を提供するように、快適な波動を発することで、相手が自然とその場に引き寄せられる状況をつくり出せます。また、香りや雰囲気など、目には見えない要素が人の心を動かす力を持つこともその一例です。

自分の波動を整える方法

波動をコントロールする第一歩は、自分自身の波動を整えることです。不安や怒りといった低い波動の感情を抱えていると、周囲にその影響が広がり、状況を悪化させます。

一方で、感謝や愛といった高い波動を意識的に持つことで、環境や人間関係が自然と調和していきます。また、相手に強制せず、優しさや思いやりのある言葉や態度を示すことで、共鳴が生まれ、関係がスムーズに進むようになります。

波動を整えることで現実を変える

波動を整えることは、抵抗を減らし、現実をよりよい方向に導く近道です。強制や命令で一時的に状況を変えるのではなく、自分の波動を高め、調和を意識することで、相手が自然と行動を変える環境をつくることができます。これにより、争いや摩擦のない豊かな関係性が築けるのです。

まとめ

「人をコントロールするな、波動をコントロールせよ」という考え方は、目に見える現実だけに囚われず、目に見えない波動を整えることで根本的な変化を生み出すものです。

自分自身の波動を高め、心地よい場をつくることで、無理なく状況や人間関係を調和させ、より豊かで幸せな現実を築くことが可能になります。波動を整えることこそが、持続的な成功と幸福を実現する鍵なのです。

2　戦前日本に学ぶ「しつけ」と波動教育

古来、日本人は「波動」という目に見えない力を理解し、それを生活の中で活用してきました。その中核を担っていたのが「躾」という教育の形です。戦前の日本では、躾を通じて正しい「所作」や「発話」の型を伝え、個人や社会全体の波動を整え、調和を生む仕組みが築かれていました。この文化的な知恵は、現代にも通じる重要な教えを含んでいます。

戦前の波動教育としての「躾」

「躾」とは、単なる礼儀作法の習得ではなく、「身を美しく整える」という深い意味を持ちます。日本の文化では、すべての物事に「氣」が宿るとされ、所作や言葉遣いは波動を整える行為と考えられていました。

たとえば、正座やお辞儀といった動作は、単なる形式ではなく、氣を高めるための方法として伝えられました。また、挨拶や掃除といった日常の習慣も、環境や人間関係の波動

〔図表3　そしじ〕

戦後GHQによって抹消されたとされる日本の最高波動の漢字

を高め、調和を生むための実践でした。

このように、躾は社会全体の波動を整える教育の基盤だったのです。

戦後の変化と波動の乱れ

戦後、占領軍GHQは、日本人の強さの源が波動を整える文化にあると見抜き、教育改革を通じてその力を弱めようとしました。戦前の教育では、道徳や礼儀が重視され、集合的な波動を高める仕組みがありましたが、戦後の教育ではこれらが軽視され、個人主義や自由が強調されるようになりました。

特に象徴的なのが、「氣」という漢字の改訂です。「氣」は本来、エネルギーや調和を感じさせる波動の高い文字でしたが、戦後、「気」という簡略化された形が一般化され、波動の意味合いが薄められました。

また、道徳教育の廃止や伝統的なしつけの軽視は、日本人の集合的な波動を低下させ、社会の調和力を弱める結果を招きました。

現代における波動教育の重要性

戦前の波動教育が失われたいま、改めてその価値を見直すことが求められています。日常の「挨拶」や「感謝」の言葉を意識的に使うだけで、その場の波動は整い、人間関係がスムーズになります。また、自然との調和を取り戻すことも重要です。

日本の伝統文化は、自然の氣と調和することで個人や社会の波動を高める知恵に満ちています。これを現代の生活に活かすことで、私たちの心身や環境を整え、より調和的な社会を築くことができます。

まとめ

戦前の日本における「躾」は、波動を整えるための教育として機能していました。しかし、戦後の教育改革によってその知恵は薄れ、波動の調和が損なわれました。

現代において、波動教育の価値を再認識し、日々の生活に取り入れることは、個人や社会全体の幸福と調和を取り戻すための重要なステップです。

「氣」を整え、自然や人との調和を意識することで、より豊かで調和の取れた生き方を実現していきましょう。

3　東洋思想と西洋思想が生むエネルギーの違い

人類の歴史と文化は、東洋と西洋で異なる道を歩み、それぞれが独自の思想を発展させてきました。この違いは、個人の価値観や社会構造、自然観、さらには時間や宗教の捉え方にまで影響を与えています。そして、日本人はその遺伝的背景や歴史から、特に東洋思想に基づいた生き方が調和しやすいとされています。

ここでは、東洋思想と西洋思想の違いを解説し、日本人が東洋思想を自然に受け入れる理由を探ります。

東洋思想と西洋思想の特徴的な違い

西洋思想は「個」を重視し、自由や理性を基盤に発展してきました。たとえば、ルネサンスや啓蒙思想に見られるように、個人の自由と自己実現が中心に据えられています。

一方、東洋思想は調和や全体性を重視し、自然や集団とのつながりを大切にします。この違いは次の具体的な点に現れます。

・個人主義と集団主義
西洋では自己の権利や独立が重視されるのに対し、東洋では「和」を大切にし、共同体の一員としての役割を全うすることが美徳とされます。
・理性と感性
西洋が論理や分析を重視する一方で、東洋は直感や感性を尊び、禅や陰陽思想に見られるように、全体的なつながりを重視します。
・自然観
西洋は自然を支配や制御の対象と捉える傾向がありますが、東洋では自然との調和を理想とし、その流れに身を任せる生き方が重視されます。

日本人と東洋思想の親和性

日本人が東洋思想に親和性を持つのは、遺伝的背景や文化的習慣、歴史的な影響によるものです。
・遺伝的要因
農耕社会の中で育まれた「共同体重視」の精神は、調和や協力を重んじる東洋思想と深く結びついています。

・自然との共生

日本人は古くから自然と共に生きる文化を持ち、四季の移ろいや稲作を通じて自然の循環を尊ぶ価値観を形成してきました。この自然観は、東洋思想が提唱する「全体性」と一致します。

・歴史的背景

仏教や儒教、神道の教えは、日本人の精神性や倫理観を形づくり、戦国時代の武士道や江戸時代の家族制度にも影響を与えました。特に「和を以て貴しとなす」という価値観は、東洋思想と調和する日本独自の社会基盤となっています。

東洋思想を受け入れることの利点

日本人が東洋思想を基盤に生きることには多くの利点があります。

・ストレスの軽減

「いまここ」に意識を向ける東洋的な生き方は、禅や瞑想などの実践を通じて、現代社会のストレス軽減に大きく貢献します。

・持続可能な社会

自然と調和する東洋思想は、現代の環境問題解決に役立ちます。日本の伝統的なライフスタイルには、持続可能性のヒントが数多く含まれています。

・社会の安定

集団や絆を重視する東洋思想は、地域社会や家族間のつながりを深め、安定した社会の実現に寄与します。

まとめ

西洋思想は「個人」「理性」「進歩」を重視し、東洋思想は「調和」「感性」「循環」を基盤とします。日本人にとっては、東洋思想の調和性や全体性を重視する価値観が、遺伝的背景や文化的特徴から自然に馴染むものです。

この東洋思想を再認識し、現代社会に取り入れることは、日本人が本来の強みを活かし、より持続可能で幸福な社会を築く鍵となるでしょう。

4　思考で感情をコントロールしても現実は変わらない理由

感情とは、私たちが自然に湧き上がるエネルギーであり、完全にコントロールすることは難しいものです。それにもかかわらず、多くの人は「感情をコントロールすれば現実を変えられる」と考えます。

しかし、このアプローチは感情の本質を見誤っており、効果が限定的です。現実をよりよいものに変えるには、感情ではなく波動に目を向けることが鍵となります。

感情は自然に湧き上がるもの

感情は、出来事や環境に反応して自動的に生じるエネルギーです。美しい景色を見たときの感動や、予期しない出来事に対する悲しみや怒りなどは、私たちの意識とは無関係に発生します。

これを無理に抑えたり意図的につくり出そうとしても、かえってストレスや心の不調を招くことがあります。感情は瞬間的に変化しやすく、その性質を完全に操作することは不可能に近いと言えます。

感情と自律神経の類似性

感情は、自律神経に似た特性を持っています。自律神経は心臓の鼓動や呼吸を無意識に調整しますが、私たちがそれを直接コントロールすることはできません。同じように、感情も自分の意思で完全に切り替えたり消し去ったりすることはできないのです。

怒りや不安を無理に抑え込もうとすると、心の中に葛藤が生まれ、かえって感情の乱れを引き起こします。そのため、感情の自然な流れを認め、受け入れることが重要です。

感情コントロールの限界

感情をコントロールするという試みは、再現性が低い点に課題があります。感情は、過去の経験、環境、脳内の化学物質など複数の要因に左右されるため、意図的に特定の感情をつくり出すのは難しいのです。さらに、感情を無理に変えようとすることで、自分自身にプレッシャーを与え、長期的には心身のバランスを崩す可能性があります。

現実を変えるには波動を整える

感情に囚われるのではなく、波動を整えることが現実を変える効果的な方法です。波動は感情や思考、行動などすべての要素によって構成され、これが現実に大きな影響を与えます。感謝や愛といった高い波動は、ポジティブな現実を引き寄せる一方、不安や怒りの低い波動は停滞を生み出します。

感情を直接操作するのではなく、自分の波動を高める行動を心がけることが重要です。たとえば、感謝の言葉を意識して使ったり、自然の中でリラックスすることで、感情に左右されず高い波動を保つことができます。また、正しい所作や発話を実践することで、ポジティブな波動を自然につくり出すことが可能です。

まとめ

感情は自然に湧き上がるものであり、無理にコントロールしようとすることはかえって心の負担を増やします。現実を変えたいならば、感情そのものではなく波動を整えることに目を向けるべきです。

波動を意識し、感情の流れを受け入れることで、自分自身をより調和の取れた状態に整えることができます。波動を高めることは、自分の人生だけでなく、周囲にもよい影響を与える一歩となるでしょう。

5　波動を変えれば現実が変わる!

現実は偶然ではなく、私たち自身が発する波動によって創り出されています。

波動とは、物質やエネルギーが持つ振動であり、感情や思考、行動といったすべてが波動を発しています。自然界の法則に基づき、自分が出す波動は同じ周波数を持つ現実を引き寄せるため、波動を意識的に整えることで、望む現実を創ることが可能です。

波動共鳴と現実創造の仕組み

波動共鳴とは、同じ周波数を持つ波動同士が影響を与え合う現象を指します。音叉の例のように、１つの波動が他の同調する波動を引き寄せるのです。私たちの波動も同様に、共鳴する人々や出来事、環境を引き寄せています。

また、物質を構成する素粒子は常に振動し、その相互作用によって現実を形づくっています。波動を変えることで素粒子の動きが変化し、結果的に現実も変わるのです。

「出したら来る」という法則

波動の本質を理解すると、自然界の「出したら来る」という法則が明確に見えてきます。感謝や愛といった高い波動を発すれば、同じ波動を持つ出来事や人間関係が引き寄せられます。

逆に、不安や怒りのような低い波動は、それに共鳴するネガティブな状況やトラブルを招きます。これは、「鏡の法則」とも呼ばれ、自分の内側の波動が外側の現実に反映される仕組みです。

波動を変えることで現実が変わる理由

現実を変えるためには、波動に働きかけることが最も効果的です。

・即効性のある変化

目に見える行動や環境を変えるよりも、波動を整えるほうが速く効果が現れます。波動の変化は、現実を構成する素粒子に直接作用するため、結果が迅速に現れるのです。

・再現性の高さ

波動の法則は自然界の普遍的な原理であり、誰にでも同じ結果をもたらします。高い波動はポジティブな現実を、低い波動はネガティブな現実を引き寄せるという法則は例外がなく、安定した結果を保証します。

・調和を生む

波動を整えると、個人だけでなく、周囲との調和が生まれます。これにより、ポジティブな環境と人間関係が長期的に維持されます。

波動を整える具体的方法

波動を整えるためには、日常的な習慣が重要です。たとえば、感謝の言葉を意識的に使う、自然と触れ合う時間を増やす、ポジティブな思考を育むといった行動が、波動を高める効果を持ちます。これらを継続することで、自然と高い波動を維持できるようになります。

まとめ

波動は、現実を創る根本的なエネルギーです。自分の波動が変われば、現実もまた変わります。「出したら来る」という法則を意識し、感情や行動を通じて波動を整えることで、調和の取れた理想的な現実を引き寄せることが可能です。

波動を整えることは、自分自身と世界をよりよくするためのシンプルかつ確実な方法です。この法則を理解し、日常生活に取り入れることで、幸福で豊かな未来を創造していきましょう。

6　「道」の文化に隠された波動の秘密

日本の「道（みち）」文化には、華道、茶道、古武道などさまざまな伝統が存在します。これらの「道」は、単なる技術や知識の習得に留まらず、精神性を高め、波動を整えるための教えが深く込められています。所作や発話の1つひとつが、個人の波動を高め、その場全体の調和を生むための実践的な智慧として伝えられてきました。

「道」の文化と波動

「道」の文化は、心身の調和や精神性の向上を目指します。華道では、花を生ける行為を通じて自然との調和や自身の内面を整えることを重視し、茶道では1つひとつの丁寧な動作が波動を整え、参加者全体に調和をもたらします。

古武道では、正確な動作や姿勢、氣の使い方を学び、波動を最適化することが追求されます。これらは単なる習慣ではなく、波動を高める実践そのものです。

所作が波動を整える理由

「道」の文化で教えられる所作は、単なる動作ではなく波動を整える行為とされています。たとえば、ゆっくりとした動作は心を落ち着かせ、呼吸とともに波動を安定させます。正しい姿勢を保つことで体内のエネルギーがスムーズに流れ、波動が整います。

また、穏やかで落ち着いた発話は、場全体の波動を安定させる効果を持っています。このような要素が一体となり、「道」を極める者の波動を高めているのです。

「畳のヘリを踏むな」という教え

「畳のヘリを踏むな」という教えは、「道」の文化における波動の重要性を象徴するものです。畳のヘリは空間を整える重要な部分であり、そこを踏む行為は波動を乱すと考えられてきました。この教えは、環境を尊重し、調和を保つ意識を養うことで、波動を整えるという深い意味を持っています。

波動を高める「道」の教え

「道」の文化は、波動を高めるための具体的なエッセンスに満ちています。同じ動作を繰り返すことで瞑想に近い効果を生み出し、無駄を排した美しさを追求することでエネルギーを効率的に活用します。また、自分だけでなく他者や自然との調和を重視することで、周囲と一体化した波動の高まりが実現します。

まとめ

「道」の文化は、単なる技術や作法を超えて、波動を整え、調和を生むための教えを内包しています。華道や茶道、古武道といった伝統には、波動を高めるための奥義が込められています。畳のヘリを踏まないといった具体的な教えも、波動と調和を保つ智慧の一端です。

「道」を極めることは、自分の内面を磨き、現実の波動をよりよい方向に導く行為と言えるでしょう。この伝統的な教えを現代の生活に取り入れることで、私たちは調和と豊かさに満ちた生き方を実現できるのです。

7 「神は細部に宿る」とは

「神は細部に宿る」という言葉は、単なる見た目や成功の表層ではなく、目立たない細かな部分こそが本質や調和を形づくるという深い教えを表しています。ここでの「神」とは宗教的な存在ではなく、波動やエネルギーの流れを指します。そして「細部」とは、些細な動作や言葉、環境に至るまで、普段は意識されにくい部分を意味します。

この概念を理解し、日常生活に活かすことで、波動を整え、豊かな現実を創り出す力が得られるのです。

細部と波動の関係

波動とは、すべての物事に宿るエネルギーの振動を指します。「神は細部に宿る」とは、この波動が最も発揮されるのが、一見見過ごされがちな小さな部分であるという意味です。たとえば、同じ「おはようございます」という挨拶でも、無表情で発する場合と、相手の目を見て笑顔で言う場合では、相手が受け取る波動や場の雰囲気がまったく異なります。

このように、細部に意識を向けることで波動が整い、調和が生まれます。

細部がもたらす影響の具体例

- 食事の場における細部

盛り付けを美しく整えることで、料理の波動が高まり、食べる人の心を豊かにします。また、箸を丁寧に扱うことで、その場全体の調和が生まれます。

- コミュニケーションにおける細部

感謝の言葉を心を込めて伝えることや、会話中に相手の目を見るといった些細な仕草は、波動を整え、信頼を築く力があります。

- 空間の細部

清潔な部屋や整った小物の配置は空間の波動を高めます。一方で、乱雑さや埃の放置は波動を乱し、不調和を生む要因になります。

内回りの動作と波動の秘密

「内回りの動作」とは、身体を内側に回す動きを指し、これが波動を整える効果を持つとされています。

・自然な動作と波動

内回りの動きは身体の構造に沿っているため無理がなく、エネルギーがスムーズに流れます。これにより、波動が安定します。

・意識の集中と美しさ

内回りの動きは丁寧さや意識を伴うため、自身の波動を高めると同時に美しい所作を生み出します。着物を着た際の動作や食事の際の振る舞いが、その代表例です。

細部への意識が波動を高める理由

細部への意識は、波動を整え、調和を生むための鍵です。些細な所作や習慣が全体に影響を与える理由は次の通りです。

・調和の創出

丁寧な行動や言葉遣いは、周囲との調和を生み出します。これが高い波動を生む原動力です。

・無意識を意識化する

普段無意識に行う動作を意識的に丁寧に行うことで、自分自身のエネルギーが整い、その波動が周囲にもよい影響を与えます。

・全体への影響力

細部が整うと、その波動が空間全体に波及し、大きな調和をもたらします。

まとめ

「神は細部に宿る」という言葉は、些細な動作や言葉が現実を変えるほどの力を持つことを示しています。意識して見なければ気づかない細部にこそ、波動を高めるエッセンスが宿り、それが個人や周囲に調和を生む鍵となります。

日常生活の中で細部を意識し、その波動を整えることで、よりよい現実を創り出すことができるのです。

8　「型から入れば心は後からついてくる」とは

「型から入れば心は後からついてくる」とは、行動や所作など外側の「型」を整えることで、内面的な変化や成長が自然と伴うことを意味します。この言葉は、日本の伝統文化やしつけの中に深く根ざし、波動というエネルギーを整えるための重要な教えでもあります。

波動は、感情や思考、行動が持つエネルギーの振動であり、正しい型を通じて波動を高めることが可能です。日本文化は、この「型」を通じて波動を整え、調和を生み出す智慧に満ちています。

波動を上げる正しい型とは

正しい型とは、日常の動作や行動を通じて波動を整えるためのルールや所作のことです。たとえば、武道では構えや礼儀作法を徹底的に学ぶことが基本です。この型を繰り返すうちに、心が整い、内面の波動が高まります。

同様に、茶道や華道、書道でも、厳密に定められた型を習得することで、精神性が向上し、所作そのものが高い波動を生む手段となります。

型が心を整える仕組み

特に子どもに波動の大切さを教える際には、型を通じた教育が有効です。

波動は目に見えないため、言葉で説明するよりも、具体的な型を教えることで自然と身につけさせることができます。

日本のしつけには、「靴を揃える」「挨拶をする」「食事の前に『いただきます』と言う」

といった行動が含まれます。これらは単なるマナーではなく、波動を整えるための型であり、習慣化することで自然と心の調和が生まれます。型を繰り返すことで、内面が整い、周囲との波動も調和するのです。

現代テクノロジーが示す「型」の重要性

現代のテクノロジーもまた、波動を整える正しい型の重要性を示しています。たとえば、電話番号やWi-Fiパスワードでは、正確な入力が結果に直結します。一桁でも間違えれば望む結果が得られないのと同様、波動を高める型も正確である必要があります。

ラジオの周波数を正確に合わせることでクリアな音声が聞こえるように、正しい型は波動を整え、望む結果を再現可能にする重要な仕組みです。

日本文化と波動の繋がり

日本人は古来から、波動を高める型を生活の中に取り入れてきました。自然との共生や調和を大切にする日本文化は、波動を意識的に整える行為の連続でした。

茶道や武道などの「道」の文化は、正しい型を通じて波動を高め、自己を高めるだけでなく、周囲や自然との調和をも生み出しています。

まとめ

「型から入れば心は後からついてくる」という教えは、波動を高めるための普遍的な智慧を伝えています。

日本の伝統文化やしつけにおける正しい型は、波動を整え、内面的な成長を促し、豊かな現実を創り出す力を持っています。現代のテクノロジーが示す正確性や再現性の高さも、この型の重要性を裏付けています。

型を意識して日々の所作に取り入れることで、波動が整い、心が自然と成長し、現実をよりよい方向に変えることができるのです。この教えは、古来の智慧と現代の科学を繋ぐ重要な鍵となるでしょう。

9　現代社会で求められる「速さ」と「楽さ」

現代の日本人は、効率性と快適さを最優先にする生活に慣れています。インターネットやスマートフォンなどの技術革新がもたらした便利さにより、複雑で時間のかかるものは敬遠され、シンプルで迅速なものが高く評価されています。

この「速さ」と「楽さ」へのこだわりは、現代人の価値観を象徴するものです。

効率性を重視する現代人

現代人は、時間や労力を最小限に抑え、最大の成果を得ることを重視しています。たとえば、インターネットで情報を即座に得られ、買い物や連絡も数秒で済む現代では、複雑な伝統的習慣やスピリチュアルな実践は「時間がかかる」「煩わしい」と感じられ、健康や精神性の向上に役立つものであっても敬遠されがちです。

学問や宗教が抱える「複雑さ」の壁

量子力学やスピリチュアル、宗教の教えは、現代人には理解や実践が難しいと感じられることが多いです。量子力学は専門性が高く日常に落とし込みにくい学問です。一方、スピリチュアルや宗教は結果が見えにくい抽象性がハードルとなり、「速さ」と「楽さ」を求める現代の価値観と乖離している部分があります。

「波動」という本質に行き着く共通点

すべての学問や教えの本質を深掘りしていくと、「波動」に行き着きます。

結局のところ「波動を整えることが現実を変える鍵である」という共通点を持っています。波動が高まれば調和が生まれ、現実がよりよい方向に変化するのです。

現代波動学の登場

現代波動学は、「波動」の法則を現代人の価値観に合わせて再構築したアプローチです。「1分で理解し、10秒で実践できる」を追求し、複雑な概念を排除しながら、波動を高める具体的な方法を提示します。

これは新しい考え方ではなく、日本人が古来から「当たり前」として行ってきた自然と調和する生き方や日常のしつけ、所作の重要性を再認識するものでもあり、呼吸法や感謝の言葉を意識的に使うことで、短時間で波動を整えることが可能です。

まとめ

日常的に波動を高める行為は、自分1人でできる最小単位の社会貢献であり、波動が整った人々が増えれば、社会全体に大きな調和が生まれます。

現代の日本人は、「速さ」と「楽さ」を追求する中で、複雑なものを敬遠しがちです。しかし、あらゆる学問や教えの本質である「波動」をシンプルに理解し、日常生活に取り入れる現代波動学は、現代人のニーズを満たす画期的なアプローチです。

古来から日本人が自然に実践してきた価値観を再認識し、波動を高めることで、誰もがよりよい現実を創造し、優しい世界を実現することができます。

第4章　宇宙の叡智

「自然界の法則」に従う生き方

1　自然界に善悪は存在しないという真実

私たちは日常的に「善い」「悪い」という判断を下しがちですが、自然界そのものには善悪という概念は存在しません。

宇宙や自然界にあるすべては、ただ「そこにある」だけであり、それをどう捉えるかは人間の視点次第です。この違いを理解することで、自然との調和を深め、より自由な生き方が可能となります。

自然界はただ「ある」だけ

自然界の現象や存在は、それ自体に意図や感情を持たず、ただ存在しています。たとえば、台風や地震は人間にとって脅威と映ることがありますが、これらは地球が自らを調整するための自然な動きであり、善悪を伴うものではありません。

同様に、動物の捕食行動も「残酷」と捉えられることがありますが、これは食物連鎖の一環であり、生態系のバランスを保つための本能的な行為です。そして、このような無意識の調和こそが、生命を循環させ、自然界全体の秩序を維持しているのです。

善悪は人間の概念

「善い」「悪い」という価値判断は、人間の都合や文化的背景に基づいたものです。

たとえば、肥沃な土地は「善い」とされ、砂漠は「悪い」と見なされることがありますが、砂漠にも特有の生態系があり、多くの生命を支えています。

また、時代や地域によっても価値観は異なり、かつて恐れられていた山火事が、現在では森林再生のプロセスとして理解されるようになりました。このように、善悪の判断基準は固定されたものではなく、文脈によって変化します。

自然界の視点を取り入れる意義

自然界が善悪を持たないことを理解すると、人間中心の価値観から離れ、より広い視野を持つことができます。

たとえば、枯れた森林を「終わり」と捉えるのではなく、新しい生命が育つ循環の一部と見ることで、物事を多面的に捉えられるようになります。

また、この視点は、無理に状況を変えようとせず、自然の流れに身を委ねる生き方を促進します。これにより、ストレスを軽減し、心の平穏を得るばかりでなく、さらに直感が研ぎ澄まされ、人生の本質的な豊かさに氣づくことができるのです。

善悪の概念がもたらす課題

善悪の判断は、私たちに役立つ一方で、思考や感情を縛る要因にもなります。「善い自分」「悪い自分」という価値観が自己否定を生み、他者への批判や対立の原因にもなり得ます。また、自然現象や生物を一面的に「害」や「無益」と見ることで、生態系全体の役割を見過ごし、自然との距離を広げてしまうことがあります。

自然界の法則に学ぶ

自然界には「善い」「悪い」がなく、ただ「ある」だけです。この事実は、私たちが二元論から離れ、物事をより包括的に理解する手助けとなります。たとえば、自己や他者、環境をそのまま受け入れる「ただある」を実践することで、心の自由と調和を得ることができます。

また、善悪を超越した視点を持つことで、全体の中での役割や繋がりを深く理解することが可能となります。

まとめ

自然界に善悪は存在せず、すべてはただ「ある」だけです。善し悪しの判断は人間がつくり出した概念であり、これに縛られることで視野を狭めたり、自然との調和を損なったりすることがあります。

自然界に学び、善悪を超えた視点を持つことで、私たちはより自由で調和の取れた生き方を実現することができます。この理解は、私たち自身の内面の安定をもたらし、自然との共生を深める重要な鍵となるでしょう。

2　表もあれば裏もある

この世界のすべてには「表」と「裏」という二面性が存在します。昼と夜、喜びと悲しみ、活動と休息など、一見対立するこれらの要素は、実は互いに補完し合い、全体の調和を保つための必要不可欠な存在です。

自然界や私たちの生活も、この表裏のサイクルによって支えられており、その仕組みを理解することで、より豊かな生き方を実現できます。

自然界における表と裏の調和

自然界には「表」と「裏」の調和が随所に見られます。昼間の太陽は活動の象徴であり、夜の月は休息を象徴します。このリズムが生命の成長と回復を支えています。

また、波が寄せては返すように、自然界のエネルギーは循環し、生態系のバランスを保っています。同様に、人間の生活にも、活動と休息という表裏のリズムが必要であり、このサイクルが崩れると心身に不調をきたします。

陰陽の法則とその働き

中国の古代哲学である陰陽の概念は、宇宙や自然を構成する2つのエネルギー、陰（暗く静的）と陽（明るく動的）を説明します。これらは互いに対立するものではなく、補完し合うことで調和を生み出します。

昼が夜へ、活動が休息へと移り変わるように、陰陽は常に動的なバランスを保ちながら循環しています。このバランスが崩れると、自然界も人間の生活も不安定になります。

陰陽のバランス：微妙な偏り

宇宙や自然界の陰陽のバランスは、完全な均衡ではなく、わずかな偏りがあることが特徴です。陰が52％、陽が48％とされ、このわずかな差が生命や自然の動きを支えています。

たとえば、地球の重力（陰）がわずかに斥力（陽）を上回ることで、私たちが地上で生活できる環境が成り立っています。このような微妙なバランスが調和と成長をもたらしているのです。

善し悪しではなく全体の一部として受け入れる

表と裏、陰と陽を「善い」「悪い」と判断することは、自然界の本質を見誤ることになります。昼間が活動を促す時間であるように、夜はその活動を支えるための回復の時間です。

どちらか一方に偏ることなく、両方を必要不可欠なものとして受け入れることで、私たちは調和の取れた生き方を実現できます。同様に、人生における成功と困難も、互いに補完し合いながら私たちに成長を促しているのです。

陰陽を生活に活かす

陰陽の法則を日常生活に取り入れることは、心身の健康や調和を保つために有効です。自然のリズムに従い、朝は光を浴びて活動し、夜は静かに休むことでバランスが整います。

また、活動（陽）に偏りがちな現代社会では、瞑想や深呼吸などの静的な時間（陰）を意識的に取り入れることで、全体の調和が保たれます。

まとめ

この世には必ず「表」と「裏」が存在し、これらは対立するものではなく、互いに補完し合う関係にあります。陰陽の法則が示すように、自然界も私たちの生活も微妙なバランスによって成り立っています。

「善い」「悪い」という価値判断を超え、表裏を全体の一部として受け入れることで、調和の取れた人生を歩むことができるのです。

3　調和し尽くされた地球の仕組み

地球は46億年という長い進化の過程で、変化と淘汰を繰り返しながら、調和を維持してきました。この調和は偶然ではなく、自然界が選択し続けた結果です。地球上のすべての存在は、互いに関係し合い、全体の調和を支える役割を担っています。不必要なものは自然界に存在し得ず、それこそが地球の仕組みの完璧さを物語っています。

自然界に無駄はない

自然界では、調和を乱すものや役割を果たせないものは生き残れません。生物学者ダーウィンの進化論が示すように、環境に適応したものだけが次世代へと命をつなぎます。

・植物と動物の相互依存

植物は二酸化炭素を吸収し酸素を放出、動物はその酸素を利用し二酸化炭素を放出します。この循環は、地球の生命を支える調和の一例です。

・絶滅の意味

約99％の生物種が地球の歴史の中で絶滅しました。恐竜のような巨大生物も、役割を終えるか、環境の変化に適応できなかったために消えました。これこそ、自然界が無駄を許さないことの証明です。

存在するだけで意味がある

一見すると役に立たないように見えるものも、実際には自然界全体の調和を支えています。

・微生物の貢献

土壌中の微生物は有機物を分解し、植物の成長に必要な栄養をつくり出します。その植物を動物や人間が利用することで、生命の循環が維持されています。

・人間の存在意義

私たちもまた、ただ存在するだけで調和の一部を担っています。

呼吸で二酸化炭素を放出し、社会の中でエネルギーや感情を共有する行為も、調和を構成する要素です。

科学が示す調和の証拠

地球の調和を裏付ける仕組みは、科学的にも証明されています。

・炭素循環

二酸化炭素が大気中、生物、土壌、海洋を通じて循環し、気候を安定させています。この仕組みは、生態系を支える生命の基盤です。

・食物連鎖

草食動物が植物を食べ、肉食動物がその草食動物を捕食し、死骸は分解されて土壌を肥やす。このエネルギーの流れが生命のバランスを保っています。

・ガイア理論

科学者ラブロックは、地球全体が生命を維持する自己調整システムであると提唱しました。地球の大気や海洋が生命のための環境を維持していることは、調和の一例であり、自然との共生を考える上での重要な指針となるでしょう。

自分も調和の一部である

「必要のないものは存在しない」という視点を持つことで、私たち自身も調和の中にあると気づけます。

自身の役割　日々の小さな行動や存在そのものが、他者や環境に影響を与えています。それは必ずしも目に見える形でなくても、確かに調和に寄与しているのです。

安心感を得る　自分が宇宙や地球の一部であり、ただ存在するだけで価値があると理解することで、自己否定や孤独感から解放されます。

まとめ

地球は調和を極限まで追求した仕組みで成り立っています。すべての存在が役割を持ち、全体のバランスを保っています。

本当に必要のないものは自然淘汰によって姿を消し、いま残っているものは調和の一部として存在しています。

私たちもその一部であり、存在するだけで地球や宇宙の調和に貢献しているのです。この視点を持つことで、自分自身や自然界に対する見方が変わり、より深い安心感とつながりを感じることができるでしょう。

4　自然界は常に「よりよい方向」へ向かう

自然界や宇宙におけるすべての出来事は、進化や調和といった「よりよい状態」を目指して動いています。一見すると悪い出来事や困難に思える状況でさえ、それは新たな成長や調和を生むためのプロセスの一部です。

この法則を理解すれば、私たちは人生の困難にも新たな視点を持って向き合うことができます。

自然界が示す進化の原則

自然界では、あらゆる現象が調和や進化を目指して動いています。

生物学者ダーウィンの進化論は、環境に適応したものだけが生存し、調和を維持する仕組みを示しています。

・恐竜の絶滅

恐竜の消滅は一見悲劇のように思えますが、その後の哺乳類や人類の繁栄を可能にしました。これは、進化と調和のために必要なプロセスでした。

・森林火災の再生力

火災によって森林が一度破壊されても、火災の残した養分をもとに新しい植物が芽吹き、さらに豊かな生態系が築かれる例は自然界の循環を象徴しています。

宇宙が示す進化のプロセス

宇宙そのものも、調和と進化を目指して絶えず動いています。

・宇宙の膨張

ビッグバン以降、宇宙は拡大し続け、多様な生命環境や調和をつくり出す構造が生まれています。星々の誕生と消滅は、エネルギーを循環させ、新たな創造を生むサイクルの一部です。

・人間社会の変革

科学技術の進歩や社会の変化は、混乱を伴うことがありますが、最終的には生活の質を向上させ、調和の取れた社会を築く原動力となっています。

一見「悪いこと」の持つ意味

困難や災害といった出来事も、よりよい未来を築くためのきっかけとなることがあります。

・自然災害の再建力

台風や地震といった自然災害は、大きな被害をもたらしますが、その後の復興や新たな都市計画を通じて、より安全で持続可能な社会の構築が進みます。

・個人の困難の意義

失敗や挫折といった苦しい経験も、自分を見つめ直し、新たなスキルや人間関係を築くきっかけとなります。困難を乗り越えた先には、成長と新たな可能性が広がります。

全体を見る視点が重要

すべての出来事は、全体の調和や進化の中で意味を持っています。

・点ではなく線で捉える

挫折や失敗を一時的な出来事として見るのではなく、人生全体の中での成長の一部と捉えることで、その出来事の価値が見えてきます。

・変化を調和の一部として見る

変化は調和を乱すものではなく、より大きな調和を生むためのプロセスです。自然界や宇宙は、絶えず調和を保ちながら進化しているのです。

パンデミックが教える進化のヒント

新型コロナウイルスのパンデミックは、一見混乱をもたらしましたが、新しい価値観や進化を生むきっかけとなりました。

・リモートワークの普及

働き方の柔軟性が増し、ワークライフバランスや地方移住といった新たな選択肢が広がりました。

・環境意識の向上

経済活動の一時的な縮小により環境改善が進み、持続可能な社会の必要性が再認識されました。

まとめ

自然界や宇宙の法則は、常に「よりよい方向」へ向かっています。困難や混乱に見える状況も、長期的には調和や進化を実現するためのプロセスの一部です。

この視点を持つことで、私たちはどんな状況にも希望を見いだし、未来に向かって前向きに進む力を得ることができます。私たち自身もまた、この進化と調和の流れの中に存在しているのです。

5　運がよくなる秘密はここにある！

運がよい状態とは、人生が思い通りに進み、よい出来事や出会いが自然と訪れることを指します。運は単なる偶然ではなく、「宿命×環境×生き方」という3つの要素が組み合わさった結果として生じます。この仕組みを理解し、生き方を整えることで、運を引き寄せる力を高めることができます。

運を構成する三要素

運の基盤となる「宿命」「環境」「生き方」の3つの要素について見てみましょう。

・宿命

宿命とは、生まれ持った特性や資質のことです。遺伝的要因や星座、生年月日などに基づき、変えられない「基盤」を指します。たとえば、生まれ持った性格や才能は宿命に含まれます。これを理解することで、自分に適した道や方法を見つけられます。

・環境

環境とは、物理的な場所や周囲の人間関係、さらには自身の「身体」を指します。環境

〔図表４　運氣の方程式〕

《運氣の方程式》

宿命（25％）	＋	環境（25％）	×	生き方（50％）

※子供は、「宿命」と「環境」が大きく影響します。
※大人になり、社会で働くことで「生き方」が大きく影響します。

は、意識的な選択によって改善が可能な要素です。たとえば、自分によい影響を与える人や環境を選び、ネガティブな要素から距離を置くことが、運をよくするカギとなります。

・生き方

生き方とは、自分の使命に基づいて人生を選択することです。使命とは、「命を何に使うか」という問いの答えであり、人や社会のために何ができるかを見いだすことです。他者の役に立つ生き方をすることで、波動が高まり、自然界の法則が味方します。

運がよい＝波動が高い状態

運がよい状態とは、波動が高まっている状態とも言えます。波動が高い人は、次のような特徴を持ちます。

・調和が取れる

波動が高まると、良好な人間関係や支援を自然と得られるようになります。これにより、自分の努力だけでは成し

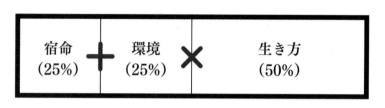

得ない結果を、他力（他者や環境の助け）を通じて実現できます。

・自然界の法則が働く

波動が高い人は、宇宙のエネルギーの流れと調和し、必要な情報やチャンスを引き寄せます。たとえば、タイミングよく仕事の話が来たり、困ったときに必要な助けを得られるのです。

運をよくするためのステップ

運を引き寄せるには、次の3つのステップを実践することが重要です。

・宿命を知る

自分の特性や強みを理解し、それに基づいた行動を取ることで、自然と波動が高まります。たとえば、リーダーシップに優れる人が、人々を導く役割を果たすことで成功しやすくなります。

・環境を整える

自分によい影響を与える環境を選び、ネガティブな要素から離れることが大切です。これは、成長をサポートしてくれる人々や、才能を発揮できる場所を見つけることにつながります。

・使命に生きる

自分の利益だけでなく、他者や社会に貢献する生き方を意識すると、自然界の法則が働き始めます。使命に基づいた生き方は、運を引き寄せる最も強力な方法です。

運がよくなると何が変わるか

運がよくなることで、努力以上の成果を得られるようになります。

・他力の働き

突然の良縁や成功、必要な資源がタイミングよく訪れるなど、周囲のエネルギーが味方する現象が起こります。

・望む人生を手に入れる

運がよい状態では、努力や意図が現実として形になりやすく、人生の目標やビジョンが自然と実現に向かいます。

まとめ

運をよくする秘訣は、「宿命×環境×生き方」という３つの要素を意識し、整えることです。宿命を理解し、よい環境を選び、使命に沿った生き方を実践することで、波動が高まり、自然界の法則が味方につきます。結果として、予想を超えた幸運やチャンスが訪れ、自分らしい人生を築けるでしょう。この仕組みを理解し、日常に活かすことが、運をよくする最短の道です。

6　宿命とは何か？　本当の自分を知る鍵

「宿命は本当にあるのか？」という問いに対し、帝王学では「宿命は存在する」と説きます。宿命とは、私たちがこの世に生まれた瞬間から刻まれている、本質的で変えることのできない要素です。

それは、遺伝子や細胞レベルで形成されており、私たちの身体的特徴や性格、潜在能力を形づくるとともに、波動にも深く影響を与えています。

宿命とは

宿命は、生まれつき定められた性質や特性を指します。遺伝的要因や星の配置、生年月日などに影響され、自らの意思で変えることはできません。

・DNAと宿命

科学的に見ると、宿命は私たちの遺伝子に深く根ざしています。人間の体を構成する60兆個もの細胞にはＤＮＡが組み込まれ、その情報が私たちの身体的特徴や性格、才能に影響を与えます。たとえば、親から受け継いだ身体能力や感受性の強さは、宿命に含まれる要素です。

・固定された要素

生まれた場所や時期、親や家庭環境なども宿命の一部です。これらは自分で選べるものではありませんが、私たちの人生の基盤を形成しています。

宿命と波動の関係

宿命と波動は密接に関わっています。すべての遺伝子や細胞は固有の振動数を持ち、その波動が私たちの存在や現実に影響を与えます。

・波動を形づくる振動数

遺伝子や細胞は微細な電磁波を発生させ、その振動が私たちの波動を構成します。この波動は、私たちの感情や思考だけでなく、周囲の人々や環境とも共鳴し、影響を与えます。

宿命が波動を通じて現実に影響する

たとえば、生まれつき音楽の才能に恵まれた人は、その才能が波動として現れ、周囲の共鳴を引き起こし、音楽の世界でチャンスを得やすくなります。宿命は、波動を介して私たちの現実を創り出しているのです。

宿命を理解する意義

宿命は変えられませんが、理解することで人生に大きな意義を見出せます。

・自分を知る

宿命を知ることで、自分の特性や強み、どのような場面で力を発揮できるかがわかります。たとえば、分析力に優れる人が研究職に就くと、自然と成果を上げやすくなります。

・宿命に沿った生き方

宿命を受け入れ、それを活かす生き方をすることで、波動が整い、人生がスムーズに流れるようになります。逆に、宿命に逆らった生き方を続けると、無理が生じ、波動が乱れる原因となります。

宿命を受け入れることで得られる調和

宿命を受け入れることは、波動を高め、人生に調和をもたらします。

・自己肯定感の向上

宿命を受け入れることで、自分を無理に変えようとするストレスから解放されます。ありのままの自分を認めることが、自己肯定感を高め、波動を整える鍵となります。

・他力を引き寄せる

宿命に沿った生き方をすることで、自然と人や環境からの助け（他力）を引き寄せるようになります。

たとえば、自分の特性を発揮している人には、その弱みを補う仲間や支援が集まりやすくなります。これが、調和に満ちた人生を築くプロセスの一環です。

まとめ

宿命とは、私たちが生まれながらにして持つ本質的な要素であり、変えることのできない人生の基盤です。

遺伝子や細胞の振動が波動を形づくり、現実に影響を与えています。宿命を理解し、受け入れることで、自分らしい生き方を見つけ、波動を高めることができます。

また、他力を引き寄せ、運をよくし、調和に満ちた人生をもたらします。

宿命を知ることは、本当の自分を知り、よりよい未来を築くための第一歩と言えるでしょう。

7　環境があなたの未来をつくる

「環境」という言葉から、国籍や性別、経済的な状況を思い浮かべる人は多いかもしれません。しかし、最も重要な環境は「身体」です。

私たちは身体という環境を借りてこの世に存在しています。身体は魂がこの世界で経験を積むための「容器」であり、これを大切に扱うことが、運や人生の質を向上させるために欠かせません。

身体は魂のための借り物

身体は魂がこの世で活動するための借り物であり、心（魂）と身体は別物です。魂が喜びや悲しみを感じても、それを表現するには身体が必要です。たとえば、笑顔は喜びを伝え、涙は悲しみを表現します。

また、身体は完全に自分の支配下にはありません。心臓を止めたり、細胞の働きを意識的に操作することはできません。これが身体が「借り物」である証拠であり、大切に扱うべき理由でもあります。

身体を大切に扱う理由

身体は波動の源であり、その状態が運や人生に直接影響します。

・健康と波動の関係

健康な身体は高い波動を持ち、それがよい出来事や人との出会いを引き寄せます。一方、不健康な身体は波動を下げ、ネガティブな影響を及ぼしやすくなります。

・身体への感謝

身体があるからこそ、私たちはこの世で体験を積むことができます。心臓が鼓動し、呼吸が続いていること自体が奇跡です。この奇跡に感謝し、大切に扱うことが運をよくする第一歩です。

感謝の正しい順番

感謝には正しい順番があります。東洋思想では、基本的な存在に感謝することが人生の土台を築くとされています。

①空気：生きるために最も基本的な存在。
②先祖：私たちの命の源。
③自分（身体）：魂の容器としての身体。

④家族：精神的な支えとなる存在。
⑤他人：社会での成長を助ける人々。
⑥社会：私たちの生活を支える仕組み。
⑦理想：未来への希望を与える目標。

この順番を守ることで、自然と波動が整い、よい人生が築かれます。

身体を整える小さな習慣

身体を大切にする具体的な方法は、日々の小さな習慣にあります。

・健康的な生活

規則正しい生活、バランスの取れた食事、適度な運動は、身体を整える基本です。これにより、身体の波動が安定し、よい運を引き寄せます。

・感謝の言葉

毎日、自分の身体に「ありがとう」と声をかけるだけでも、心が整い、波動が高まります。たとえば、「今日も元気に動いてくれてありがとう」といった感謝の言葉を日常に取り入れることが大切です。また、十分な睡眠や深呼吸を取り入れることで、自律神経が整い、心身の調和が深まります。

まとめ

身体は魂がこの世で活動するための最も重要な環境です。身体を大切に扱うことで波動が整い、自然界の法則が味方をしてくれるようになります。感謝の順番を意識し、「感謝から始まる行動習慣」を身につけることで、身体から波動を高め、運を引き寄せる力を育むことができます。

身体という環境を整えることは、未来をよりよいものにするための第一歩なのです。

8　自然界に従った生き方のすすめ

人生における「運のよさ」は偶然ではなく、「宿命」「環境」「生き方」の３つの要素から成り立っています。その影響力を割合で見ると、宿命が25％、環境が25％、生き方が50％を占めています。中でも最も重要な要素は「生き方」です。生き方を整え、波動を高めながら正しい方向性を持つことが、運を引き寄せる鍵となります。

運を構成する3つの要素

- 宿命（25％）

宿命とは、生まれ持った資質や特性、遺伝子や生年月日など、変えられない要素です。これを理解することで、自分に合った生き方を選び取る指針となります。

・環境（25％）

環境とは、周囲の人間関係や物理的な条件など、自分が選び取れる状況を指します。よい環境を整えることが、波動を高めるための重要な基盤となります。

・生き方（50％）

生き方とは、宿命や環境を活かし、どのように行動するかという選択です。この意識的な選択が、運を大きく左右します。

波動の高さと方向性の重要性

波動とは、私たちが発するエネルギーの振動であり、運を引き寄せる力の源です。ただし、波動の高さだけでなく「正しい方向性」を持つことが成功の鍵です。

・波動が高いと進む力が強い

波動が高い状態は、自転車の車輪が高速回転しているようなものです。この状態では安定感があり、外部の影響を受けにくく、目的に向かってスムーズに進めます。

・波動が低いと不安定になる

波動が低いと車輪が遅く回り、不安定になりがちです。外部の影響を受けやすくなり、自分の意思で進むことが難しくなります。

・方向性の重要性

波動が高くても、方向性が間違っていれば、努力が無駄になります。目指すべき目的地を明確にし、正しい方向へ進むことが必要不可欠です。

生き方を整えるための具体的な方法

・目的を明確にする

「誰のために、何のために、何をするのか？」という使命を明確にし、それを人生の羅針盤とします。

・波動を高める習慣を持つ

感謝の氣持ちを持ち、健康的な生活を送る、ポジティブな人間関係を築くなど、日常的に波動を高める行動を実践します。

・方向性を定期的に確認する

自分の生き方が使命に沿ったものであるかを定期的に見直し、軌道修正を図ります。

・柔軟性を持つ

環境や状況の変化に応じて柔軟に対応しながらも、波動を高く保つことで自然界の法則が味方をしてくれます。

まとめ

生き方は、運を構成する要素の中で最も大きな影響力を持つ50%を占めています。

波動を高めるだけでなく、正しい方向性を持つことで、運を引き寄せる力を最大化できます。波動が高い状態は、外部の影響を受けにくく、自分の意思で目標に向かって進む力を与えてくれます。しかし、方向性が間違っていれば、努力は実を結びません。

だからこそ、「波動を高く、正しい方向へ進む」生き方を選択することが、自然界の法則に従い、運をよくする最善の方法なのです。

9　使命という名の羅針盤

使命とは、私たちがこの世に生まれてきた理由であり、人生を通じて果たすべき役割のことです。「使命は本当にあるのか?」という問いに対して、帝王学では「使命は確かに存在する」と説きます。

この使命を知り、それに沿った生き方をすることが、充実した人生を築くための鍵です。使命を見つける方法の１つが、私たちの名前に秘められたメッセージを読み解くことにあります。

使命と名前の深い関係

使命と氏名（名前）は同じ「しめい」と読みます。この偶然のように見える一致には深い意味があり、スピリチュアル的には、名前は魂が自ら選んだものとされています。

名前には、自分が「誰のために」「何のために」「どのような価値を提供するために」生まれてきたのかを示すヒントが隠されています。

- 名前に込められたメッセージ

名前の文字を象形文字や漢字の成り立ちに基づいて分析すると、その中に使命の手がかりが見つかります。たとえば、「優しさ」や「価値」を象徴する文字が含まれる名前であれば、それがその人の使命を示すキーワードとなるのです。

名前から使命を見つける方法

使命を見つけるには、名前の意味を深く掘り下げることが重要です。

①象形文字に戻す

名前の漢字を象形文字として捉え、その本来の意味や由来を調べます。

②キーワードを選ぶ

漢字が持つ多様な意味の中から、自分に最も響くものを選びます。このキーワードは、自分の価値観や人生の方向性に関連づけることができます。

③使命を言語化する

選んだキーワードをもとに、「自分は何のために、誰のために生きるのか」を文章化します。この作業を通じて、自分が果たすべき役割が明確になります。

具体例：著者の名前「優貴」の場合

「優貴」を例にすると、「優」は「人を支え、思いやる心」を示し、「貴」は「高い価値」を表します。この名前から「貴い優しさ」というキーワードが浮かび上がります。これをもとに「優しい社会を創造する」という使命を導き出せます。

使命を見つける意義

使命を知ることは、人生の目的を明確にし、選択に一貫性を持たせる助けとなります。

・自己理解の深化
名前に秘められた意味を探ることで、自分の特性や価値観を深く理解できます。これは、自分の強みを活かし、適切な行動を取るための基盤となります。
・充実感の向上
使命を意識して生きることで、行動や選択に無駄がなくなり、満たされた日々を送ることが可能です。また、他者や社会に貢献する喜びが、さらに自分の波動を高めます。

使命を生きることの効果

使命に沿った生き方は、自分自身だけでなく、周囲にもよい影響を与えます。
・波動の向上
使命に従う行動は、自分の波動を高め、周囲に調和をもたらします。これにより、他人や環境からのサポートが自然と引き寄せられます。
・運を引き寄せる
使命に基づく行動は自然界の法則と調和するため、よい人間関係やチャンスが訪れやすくなります。さらに、自分の使命を意識することで、直感が冴え、最適な選択ができるようになり、人生がよりスムーズに展開していくのです。

まとめ

名前を深く掘り下げ、その意味を解釈することで、「自分は誰のために、何のために、何をするべきか」が明確になります。

使命を知り、それに沿って生きることは、人生に確かな指針を与えます。自分の役割を理解し、それを実践することで日々の選択にも一貫性が生まれ、迷いや不安が軽減され、心の平穏が生まれます。

また、使命を持って生きる人は、自分自身の波動が整うだけでなく、そのエネルギーが周囲にもよい影響を与え、自然と人とのつながりが深まるのです。さらに、使命を生きることで、自然界の法則との調和が深まり、直感が研ぎ澄まされるようになります。自分の波動が高まると、不思議なシンクロニシティが増え、必要な出逢いや情報が絶妙なタイミングで訪れるようになります。

これは偶然ではなく、使命とエネルギーが整った結果として、宇宙の流れに沿った生き方ができるようになるからです。

使命とは、人生を導く羅針盤であり、それを深く探求することで、本当の自分を知ることができます。使命に氣づき、それを受け入れることが、より豊かで充実した人生を創造するための第一歩なのです。

第5章　「資質」という最強の才能を活かす生き方

1　宿命の中に隠された資質

宿命とは、私たちが生まれながらに持つ、今世では変えることのできない本質的な要素のことです。これはＤＮＡレベルに刻まれた身体的特性、知的能力、感情や気質といった資質を指し、私たちの人生の基盤を形成しています。宿命を理解することで、自分の強みを最大限に活かし、弱みを受け入れることで、より調和の取れた生き方を選ぶことが可能になります。

生まれ持った身体的特性

宿命の最も明確な例が身体的特性です。これらは遺伝子に刻まれており、自分の努力だけで変えることはできません。

・スポーツ選手の例

一流のアスリートたちは、優れた身体能力を生まれつき持っています。たとえば、マイケル・ジョーダンは高身長と卓越した運動能力を宿命として与えられました。しかし、彼の成功は宿命だけでなく、絶え間ない努力と向上心によって築かれたものです。

この例は、身体的特性という宿命をどう活かすかが重要であることを示しています。

生まれながらの知的特性

知的能力も宿命の一部です。これには創造力、論理的思考、記憶力などが含まれます。

・アインシュタインの例

アルベルト・アインシュタインは、高い知的能力を宿命として持ち、それを活かして物理学に革命を起こしました。彼の創造的な思考や問題解決能力は、生まれつきの特性でしたが、それを育むために学びと努力を惜しまなかったことが、彼の偉業を支えました。

感情や氣質の特性

感情や氣質もまた宿命に含まれます。これらは人生の選択や人間関係に大きな影響を与えます。

・ゴッホの例

画家フィンセント・ファン・ゴッホは、極めて強い感受性を宿命として持ち、その特性を通じて人々に感動を与える芸術を生み出しました。しかし、その感受性は彼の苦悩の源でもありました。ゴッホの例は、感情や氣質をどう活かすかが人生の方向性を大きく左右することを教えてくれます。

宿命を理解する意義

宿命を知ることとは、自分を理解し、人生を調和の取れたものにするための第一歩です。

・強みを活かす

宿命に含まれる特性を理解することで、自分の得意分野や才能を見極め、適切な選択をすることが可能になります。

・弱みを受け入れる

宿命には弱みも含まれますが、それを無理に変えようとせず受け入れることで、ストレスが軽減され、より健全な生き方を見つけられます。

・他者理解を深める

他人もまた独自の宿命を持っていることを理解することで、共感や思いやりを持ち、人間関係を豊かにすることができます。

まとめ

宿命の中に隠された資質は、私たちの身体的特性、知的能力、感情や氣質といった形で現れます。これらの資質は変えることはできませんが、それをどう活かすかは自分次第です。

宿命を理解し、受け入れることで、自分らしく生きる道が開かれ、強みを最大限に発揮できるようになります。また、宿命を受け入れることで他者との調和も生まれ、豊かで意義ある人生を築くことができるでしょう。

2　子どもが生まれる前に資質をデザインする？

生まれてくる子どもの資質を計画的にコントロールするという考え方は、帝王学の奥義とされる重要な教えの１つです。これは単なる偶然や運に頼るのではなく、科学的根拠や計画的なアプローチに基づいており、特に天皇家や世界の王族で実践されてきました。

天皇家が２５００年以上も続く世界最古の王族である背景には、この「未来を見据えた資質のデザイン」という知恵が深く関わっているのです。

天皇家における実践

天皇家では、次代の天皇が必要とする資質を見据えた上で、計画的な出産が行われてきました。

・誕生日と名前の先決

帝王学では、誕生日と名前が子どもの波動や資質に大きく影響を与えると考えられています。そこで、子どもの誕生日と名前を事前に決定し、その日付に合うように結婚や出産のタイミングを計画するのが特徴です。

・逆算と帝王切開の活用

誕生日を基に未来の資質を計算し、その日に合わせて出産計画を立てます。帝王切開は、自然分娩では難しい誕生日の調整を可能にする手段として広く活用されています。このような計画性が天皇家の安定した継承に寄与してきました。

波動と資質の深い関係

波動とは、生命や物質が持つエネルギーの振動であり、誕生日や名前がその人の波動に影響を与えるとされています。

・誕生日と波動

古代からの占星術や数秘術は、誕生日が性格や才能、運命に与える影響を明らかにしてきました。計算された誕生日によって、望ましい資質を持つ子どもを生むことが可能になるのです。

・名前の重要性

名前もまた、波動を左右する重要な要素です。漢字の意味や音のエネルギーがその人の使命や生き方を形成するため、名前を慎重に選ぶことが資質の形成に繋がります。

世界の王族の実践例

この考え方は天皇家だけでなく、他国の王族や名家でも実践されています。

・イギリス王室

イギリス王室では、後継者の誕生や教育が計画的に進められており、占星術や系譜学を活用して、求められる資質を持つ王の誕生を図っています。

・中国の歴代皇帝

中国では風水や占星術を用いて皇帝の誕生が計画され、国家の安定を支える後継者を意図的に産み出してきました。

現代への応用と示唆

このような資質のデザインという考え方は、現代にも多くの示唆を与えます。

• 親の役割

一般家庭でも、子どもの名前や誕生日を慎重に考えることで、その子の特性や資質を活かしやすくなります。子どもの未来を見据えた選択が、運や人生の方向性によい影響を与えます。

• 波動の理解

自分や子どもの波動を理解し、それに基づいて行動や環境を整えることは、人生をよりよい方向に導く鍵となります。

まとめ

「生まれる前に資質をデザインする」という考え方は、帝王学の奥義であり、天皇家をはじめとする王族が実践してきた知恵です。

誕生日や名前を慎重に選ぶことで、未来に必要な資質を持つ子どもを計画的に産むことができます。

この方法は、王族や名家に限らず、現代の私たちにも適用可能です。波動や資質を理解し、未来を見据えた選択をすることで、より調和の取れた人生を築く手助けとなるでしょう。

自らの生まれ持った資質を活かすことが、真に「自分らしい生き方」の鍵となるのです。

3　資質は先天的スキル！

資質とは、生まれながらに備わっている才能や特性であり、自然界で生命が調和して生きるために与えられた「先天的スキル」です。鳥が翼を使って空を飛び、魚がエラで呼吸して水中を生きるように、私たち人間にもそれぞれの資質が備わっています。しかし、この資質は「当たり前すぎて特別とは感じられない」ため、自覚しにくい特徴を持っています。

資質は当たり前すぎて気づかないもの

鳥が飛ぶことを特別と考えないように、私たちも自分の資質に気づかないことが多いものです。

・当たり前すぎる才能

自分では「普通」と思っていることが、他人にとっては特別な才能やスキルに見えることがあります。たとえば、絵を描くのが自然で苦にならない人は、それを「才能」とは思わないかもしれません。しかし、他者の目から見ると、それは特別な資質として映ります。

・動物の資質を活かす姿

動物は、自分の資質をそのまま受け入れ、それを最大限に活かして生きています。鳥は飛び、魚は泳ぎ、ライオンは狩りをします。自分にない能力を求めるのではなく、自分の持つ力を活かして生きる姿が、自然界での調和を実現しています。

人間特有の不自然な行為

一方で、人間は他者の資質に憧れ、自分の本来の特性を見失いがちです。

・無理な努力が生む不調和

たとえば、カエルが鳥になろうと努力するような行為は、人間だけが行う「不自然な行為」です。このような努力は、波動を下げ、運を悪化させる原因となります。

また、帝王学では、自分にない資質を無理に発揮しようとすることは、本来その役割を果たすべき他者の機会を奪う行為とされます。

これにより調和が崩れ、「奪うから奪われる」といった自然界の法則が動くことで、自分にも負の影響が返ってきます。

・動物の自然な生き方

動物は他者に憧れることなく、自分の特性をそのまま活かして生きています。人間も、他者の真似をするのではなく、自分の資質に基づいた行動を取るべきです。

自分の資質を見つけ、活かす

自分の資質を理解し、それを活かして生きることが、自然界と調和する生き方の鍵です。

・資質を見つける方法

自分の資質を見つけるには、他人からのフィードバックに注目することが有効です。他人が「すごい」と感じることは、自分では当たり前に思える資質である可能性が高いのです。また、自然にできることや楽しんで取り組めることに目を向けることも重要です。

・自然な生き方が運をよくする

自分の資質を受け入れ、それを活かして生きることで、波動が高まり、運がよくなります。不自然な努力をやめ、自然界の調和に沿った行動を取ることが、成功と幸福への近道です。

まとめ

資質とは、生まれつき備わった才能や特性であり、当たり前すぎて自覚しにくいものです。動物が自分の資質を活かして生きるように、私たち人間も、自分の資質を理解し、それを最大限に活用することで、自然界と調和することができます。他者の役割を奪うのではなく、自分本来の力をただ発揮するだけで、運が味方をし、より豊かで調和の取れた人生を築くことができるのです。

4　生まれ持った資質を思い出すだけでいい！

人生をスムーズに生きるために必要なのは、自分の資質を「思い出す」ことです。資質とは、生まれたときから備わっている才能や特性であり、それを活かすことで人生の流れが整います。

幼い子どもは、自然に資質を発揮して生きていますが、成長とともに社会や教育の影響で自分の資質を見失いがちです。資質を思い出すことは、自分本来の自然な生き方に戻り、苦しみや不調和を解消する鍵となります。

資質を思い出すことの重要性

資質を思い出すとは、自分の本来の強みや特性を再認識することです。たとえば、魚が陸に上がり苦しむのは、自分がエラ呼吸の特性を持つ生物であることを忘れているからです。その資質を思い出し、海へ戻れば、生命活動が自然に楽になります。同様に、戦場でピストルを持っていることを忘れ、素手で戦おうとする人も、無理な努力を強いられるでしょう。自分が持つ武器（資質）を思い出せば、適切な戦い方が可能になり、結果も大きく変わります。

資質を活かすことで得られる調和

資質を活かすことは、自分の人生を楽にするだけでなく、周囲との調和も生み出します。たとえば、鳥と亀が一緒に活動する場面を考えると、移動が必要な仕事は鳥が担当し、亀にはその場でできる役割を任せる方が効率的です。

それぞれの資質を理解し、適材適所で活用することで、全体が調和し、最善の結果を生むことができます。これを人間関係やチームづくりに応用すれば、無駄な衝突を避け、波動の高い状態を維持できます。

資質を思い出すことで解消される苦しみ

自分の資質を無視すると、不自然な努力を強いられ、波動が下がります。たとえば、鳥になりたい亀が空を飛ぼうとすれば、不自然な努力によってストレスや失敗を招くだけです。一方で、自分の資質を思い出し、それを活かした行動を取ることで、波動が高まり、自然界の法則と調和します。その結果、運がよくなり、努力が自然に報われるようになります。

他人の資質を理解する重要性

自分の資質を活かすだけでなく、他人の資質を理解し、それを尊重することも重要です。他者の強みを活かすことで、チームや組織全体の波動が高まり、調和が取れた結果を生むことができます。たとえば、データ整理が得意な人に細かい作業を任せ、アイデアを出すのが得意な人に企画を依頼することで、全員が自分の強みを活かせる環境をつくれます。

まとめ

資質とは、生まれ持った才能や特性であり、それを思い出すだけで人生を楽に進めることができます。自分の資質を再認識し、それを活かすことで、無理な努力を避け、波動を高め、運をよくすることが可能です。また、他人の資質を理解し尊重することで、周囲との調和が生まれ、よりよい結果を得られるようになります。資質を思い出し、それに従って生きることは、個人や社会全体の幸福につながる最善の方法です。

5　資質とスキルの違い

「資質」と「スキル」は、私たちの価値を構成する重要な要素ですが、その本質は大きく異なります。資質は先天的に備わっている特性であり、意識しなくても自然に発揮できるものです。一方、スキルは後天的に習得される能力であり、時間と努力をかけて磨き続ける必要があります。この違いを理解することで、自分の強みを最大限に活かすことが可能となります。

資質とは

資質とは、生まれつき持っている特性や能力であり、努力や訓練を必要とせず自然に発揮できるものです。たとえば、言葉のセンスが高い人や手先が器用な人などは、自分では特別なこととは感じず、当たり前のようにその能力を発揮しています。

資質は「息を吸うように」自然体で使える能力であり、100%のパフォーマンスを容易に発揮できるものです。たとえば、優れた歌声を持つ人が特別な訓練を受けずに美しい音を出せるのは、資質の典型的な例です。このように、資質は生まれ持った「先天的スキル」とも言え、無理なく自然界と調和する行動を可能にします。

スキルとは

スキルは、後天的に身につける能力であり、時間と努力を要します。たとえば、新しい言語を学ぶ、プログラムをつくる、楽器を演奏するといったスキルは、反復練習や試行錯誤を通じて得られるものです。スキルは努力の賜物であり、習得後もその価値を保つためには継続的な研鑽が必要です。たとえば、一流のシェフは料理スキルを持っていますが、新しい技術や知識を学び続けなければ、スキルは時代遅れとなる可能性があります。この点で、スキルは資質とは異なり、「磨き続ける」ことで価値を維持する特性を持っています。

資質とスキルを活かす方法

資質とスキルの違いを理解することは、自分の強みを最大限に活かす鍵です。資質は私たちの基盤であり、他者との差別化を生む強力な要素です。一方、スキルは資質を補完する役割を果たします。

たとえば、「感性」の資質を持つ人が、マーケティングのスキルを学んだ場合、その知識と感性を組み合わせて、大きな成果を上げることができます。逆に、資質にない領域でスキルだけに頼ろうとすると、持続可能なパフォーマンスが難しくなります。

資質とスキルを見極める方法

自分の資質とスキルを見極めるためには、次の問いを自問すると効果的です。

• 資質を見つける問い：「努力せずに自然とできてしまうことは何か？」、「周囲から頻繁に褒められるが、自分では特別と思っていないことは何か？」
• スキルを見つける問い：「時間をかけて身につけた能力は何か？」、「努力を続けなければ価値を保てない能力は何か？」

まとめ

資質とスキルはどちらも重要な要素ですが、その本質は異なります。資質は先天的な特性であり、自然に発揮できるもの。一方、スキルは後天的に習得し、磨き続けることで価値を保つものです。この２つの要素を組み合わせることで、自分の能力を最大限に引き出すことが可能となります。

資質を基盤とし、それを補完するスキルを意識的に活用することで、人生の充実度を高められるでしょう。

6　資質の種類とそれを活かす実例集

資質とは、生まれつき備わっている特性や才能のことで、私たちが自然と発揮できる能力を指します。これらは努力を要さず発揮できるものであり、他者との差別化を生む重要な強みです。自然界の法則から導き出された人間の資質は22種類に分類され、それぞれが独自の特性と役割を持っています。

22種類の資質

①王：リーダーシップがあり、全体を公平に見る力を持つ。責任感が強い。
②感性：繊細で愛情深く、人の心の痛みを理解する。内面の深みが特徴。
③創造：新しいことを生み出し挑戦する開拓者精神を持つ。夢に向かう力が強い。
④信念：頑固で真面目。理念を曲げずに貫く力がある。
⑤愛：人間関係を大切にし、包容力がある。他者に奉仕する力が強い。
⑥本能：直感が鋭く、正直で行動力が高い。動物的な感覚を持つ。
⑦堅実：真面目に物事に取り組む力があり、縁の下の力持ちとして活躍。
⑧品格：名誉や地位を尊び、知性と品を兼ね備える。集団を支える力が特徴。
⑨完璧：完璧主義者で、信頼されるリーダーとしての素質を持つ。
⑩知的：学びや知識を伝えることに喜びを見出す。聡明で安定感がある。
⑪協調：社交性が高く、人と人をつなぐ力を持つ。集団を調和させる特性。

⑫宇宙：スピリチュアルな感覚に優れ、見えない世界とつながる能力がある。
⑬自由：束縛を嫌い、ひらめきや楽しさを追求する。自由な発想が特徴。
⑭安全：慎重で無邪気。不安と期待を抱えながら前向きに進む力がある。
⑮情報：情報収集と共有が得意。他者に役立つ情報を伝える力を持つ。
⑯氣転：直感で問題を見抜き、素早く対応できる柔軟性がある。
⑰縁：人と人を結びつけ、調和を重視する。世の中をよくする行動力が特徴。
⑱自然：のんびりとした性格で、周囲を和ませる力を持つ。ポジティブな雰囲気が特徴。
⑲好奇：好奇心が旺盛で、新しいことに挑戦する力を持つ。多様性を受け入れる。
⑳独創：独自の視点で物事を捉える感性があり、独特なアイデアを生み出す。
㉑洞察：真理を見抜く力があり、経験から深い知見を得る。導く力に優れる。
㉒一途：好きなことに没頭し、集中力を発揮する。繊細な氣配を感じ取る力が特徴。

資質を活かす方法

資質は「自分らしさ」を発揮できる強みであり、適材適所の環境においてこそ最大限に活かされます。たとえば、「自由」の資質を持つ人は新規事業の開発や創造的な仕事に向いており、「堅実」の資質を持つ人は計画を着実に進める役割が適しています。自分の資質に合った役割を担うことで、無理なく成果を上げられると同時に、社会と調和した生き方を実現できます。

資質の活用事例

資質を理解し活かすことで、個人や組織の成長を加速させることができます。たとえば、世界的に有名なスペインのサッカークラブでは、選手1人ひとりの資質を分析し、特性に合った指導を行っています。「独創」の資質を持つ選手には戦術提案の機会を与え、「完璧」の資質を持つ選手には徹底したスキル指導を行い、パフォーマンスを最大化しています。

日本の大企業でも、社員の資質を見極め、適切な部署に配属することで、風通しのよい職場環境をつくりを実現しています。たとえば、「縁」の資質を持つ人を営業部に配属したり、「王」の資質を持つ人を、プロジェクトの責任者に抜擢することで、無理なく自然に大きく業績を伸ばすことが可能です。

星の影響と資質

資質は、生まれた瞬間の天体配置やバイオリズムにも影響を受けています。星の影響を理解することで、自分自身の特性を深く知り、自然と調和した生き方を選ぶことができます。この覚醒は、波動を高め、運をよくする大切な要素です。

まとめ

資質は22種類に分類され、それぞれが独自の特性を持ちます。自分の資質を理解し、それを活かすことで自然と波動が高まり、自然界の法則が他力を動かすため、努力することなく成果が生まれます。

さらに、職業や肩書きに正解はなく、自分の特性に合った役割や環境を選ぶことが最も重要です。資質を活かした生き方は、個人の成長を促すだけでなく、社会全体の調和にも寄与するのです。

7　星がもたらすバイオリズムの不思議

私たち人間の人生は、生まれた瞬間の天体の配置や時間、場所、名前に深く影響を受けています。これらの条件は私たちの波動や人生のバイオリズムを形づくり、個々の特性や運命を決定づける重要な要素となっています。

星の影響を理解することで、自分の本質を知り、それに沿った自然な生き方を選べるようになります。これこそが「覚醒」と呼ばれるものであり、波動を高め、運をよくする鍵となるのです。

星とバイオリズムの関係

天体の配置は私たちのエネルギーの強弱や特性を決定します。たとえば、生まれた瞬間の太陽や月、他の星々の位置は、私たちが持つエネルギーの傾向やリズムを形づくります。

このリズムには、エネルギーが高まり活発に行動すべき時期と、内省や休息を大切にするべき「隠極まる」時期があります。こうしたリズムを把握することで、無理なく自分らしい生き方が可能になります。

覚醒とは何か?

「覚醒」とは、自分がどの星の影響を受けているかを理解し、その影響に沿った行動を選ぶことを指します。覚醒を通じて、自分のエネルギーリズムや特性を活かすことで、無理のない調和的な生き方を実現できます。この自然に沿った生き方は、波動を高め、運を引き寄せる力をもたらします。

一方で、自分の星の影響を無視した生き方は、エネルギーの流れを妨げ、波動を下げる原因となります。

星の影響を活かす方法

星の影響を活かすためには、まず自分のバイオリズムを知ることが重要です。たとえば、エネルギーが低い時期には内省を重視し、無理をせずリフレッシュに努めます。

一方で、エネルギーが高い時期には積極的に行動を起こし、新しい挑戦を始めるとよいでしょう。

また、星の影響を計算し、それに基づいた行動計画を立てることで、人生をよりスムーズに進めることが可能になります。これは日常の小さな選択から、大きな人生の決断に至るまで役立つ指針となります。

星の影響を無視するリスク

星の影響を無視することは、自然界の法則に逆らうことと同じです。不自然な生き方は波動を下げ、努力が空回りしやすくなります。たとえば、エネルギーが低い時期に無理に大きなプロジェクトを進めると、成功が遠のくだけでなく、健康や精神面にも悪影響を及ぼします。このような不自然な行動は、自分だけでなく周囲との調和も乱してしまうのです。

星と自然界の関係

天体の影響は私たちの生活のすべてに及んでいます。たとえば、月の満ち欠けが海の潮の満ち引きを引き起こすように、人間の感情や行動にも影響を与えます。これを理解し、星の力に調和した生き方を選ぶことは、自分自身の波動を高め、調和の取れた人生を築くための第一歩です。

まとめ

星の影響を理解し、それに沿った生き方を選ぶことは、自分の本質を活かすための重要なプロセスです。覚醒とは、星の影響を知り、それに基づいて自然に調和した行動を取ることを意味します。この生き方は、波動を高め、よい運を引き寄せるだけでなく、無理のない充実した人生を実現します。

一方、星の影響を無視した生き方は、波動を下げ、運を悪化させる原因となります。星の力を活かし、自分のリズムに沿った行動を選ぶことで、調和と幸福に満ちた人生を歩むことができるのです。

8　自分を形づくる「3つの特性」

人の行動や価値観を理解するうえで重要な要素として、「自己成長型」「人のため重視」「結果重視」の3つの特性があります。これらは、それぞれが何に価値を置き、どのように行動するかの傾向を示しており、自己理解や適材適所の判断に役立つ指針となります。

自己成長型

自己成長型は、自分が成長できることに価値を置く特性です。新しいことに挑戦し、可能性を追求する姿勢が特徴です。

・特徴

結果よりもプロセスを重視し、学びや挑戦から得られる成長を大切にします。現状維持を好まず、変化を求める傾向があります。そのため、創造的な仕事や教育の分野で活躍することが多いです。

・具体例

ベンチャー企業で新規プロジェクトに挑戦する、学術研究に没頭するなど、成長を実感できる環境を選ぶことで力を発揮します。

人のため重視

人のため重視は、他者に尽くし、役立つことに価値を見出す特性です。奉仕精神が強く、周囲の調和を大切にします。

・特徴

他者の喜びや感謝がモチベーションとなり、チームでの活動やサポート役としての能力が際立ちます。共感力に優れ、人間関係を円滑にする力を持っています。

・具体例

看護師や教師、ボランティア活動など、人の幸せを支える仕事で特性を発揮します。また、組織内での調整役やリーダーのサポートにも適しています。

結果重視

結果重視は、目標達成や成果を追求する特性です。効率的な行動と成功への明確なビジョンを持ちます。

・特徴

「どうやるか」ではなく「何を達成するか」を重視します。プロセスよりも成果を求めるため、営業職やプロジェクト管理など、具体的な結果が求められる場面で能力を発揮します。

・具体例

企業の売上目標を達成するための戦略立案や、スポーツで優勝を目指すなど、成功に向けた具体的なゴールを設定して行動します。

実例：サッカークラブと企業での活用

・サッカークラブでの活用

スペインの強豪サッカーチームでは、選手1人ひとりの特性を分析し、適切なポジションに配置することでチーム全体の力を最大化しています。たとえば、自己成長型の選手には技術向上を支援し、結果重視の選手にはゴールを任せるといった役割分担が行われています。

・企業での活用

日本の大企業では、特性をもとに人材を適切に配置しています。たとえば、人のため重視の特性を持つ人を組織運営に、結果重視の特性を持つ人を営業部門に配属するなど、それぞれの特性を活かすことで成果を上げています。

特性を活かす生き方の重要性

これらの特性は、優劣を示すものではなく、それぞれが個人の力を最大限に引き出す指針です。自分の特性を理解し、それに合った役割を選ぶことで、無理なく自然体で成果を上げることができます。また、特性に合った環境を選ぶことで波動が高まり、人生の満足度や成功の可能性が高まります。

9 「自分らしさ」を最大限に引き出す方法

「自分らしく生きる」とは、自分の感情や欲求のままに行動することではありません。帝王学の視点では、自分らしさとは「資質を活かし、人や社会に貢献する生き方」を指します。資質を発揮することで波動が高まり、感謝や調和のエネルギーが生まれるのです。

資質を活かすことの意義

資質とは、生まれ持った才能や特性のことで、それを活用することが「自分らしさ」を引き出す鍵となります。資質に基づいて行動することで、自然体で自己表現が可能になり、波動も高まります。一方で、自分にない特性を補おうとする行為が「努力」です。努力は重要ですが、それに固執しすぎると波動を下げ、不自然な生き方につながる可能性があります。風の時代では、努力よりも資質を活かし、足りない部分は他人に頼ることで調和を実現することが求められます。

土の時代から風の時代へ

土の時代では、資質に関係なく、１つのことを極める努力が成功の鍵とされてきました。しかし、風の時代においては、資質を最大限に発揮し、社会に貢献することが重要です。自分の資質を活かしつつ、他人の特性を補完することで「感謝１０００」の波動が生まれ、社会全体が調和へと向かいます。お互いの資質を認め合い、尊重することが争いのない社会の基盤となります。

他人の資質を理解する大切さ

他人の資質にない部分を批判するのは避けるべきです。たとえば、「王」の資質を持つ人は全体を把握し、慎重に判断することで力を発揮します。一方で、「本能」の資質を持つ人は直感を信じて即行動する傾向があります。これらの違いは、優劣ではなく特性の違いに過ぎません。また、日本人が「空氣を読む」能力に優れているのは、ＹＡＰ遺伝子に基づく特性です。一方、スペイン人は感情を率直に表現することで人間関係を構築します。これらの違いを尊重することで、文化や背景を超えた調和が可能となります。

資質を活かした社会の実現

資質を理解し合うことは、調和の取れた社会を築く第一歩です。たとえば、組織内で他人の資質を認め、それを活かせる環境を整えることで、生産性が向上し、感謝の氣持ちが生まれます。「おかげさま」という考え方は、風の時代において、特に重要な価値観です。

まとめ

自分らしさを引き出すとは、自分の感情のままに生きることではなく、資質を活かして社会に貢献することです。他人の特性を尊重し、互いに補い合うことで感謝や調和が生まれ、よりよい人間関係が築かれます。

風の時代では、無理をせず自然体で生きることが求められます。資質を活かし合う社会は、争いのない調和の取れた未来を実現する鍵となるのです。

第6章　波動を高め合う「究極のパートナーシップ」

1　家庭は社会の最小単位

家庭は、社会の最小単位であり、個々の人間が生まれ育ち、絆を築く場です。そのあり方は、社会全体に大きな影響を与えます。

特に、家庭を築く第一歩である結婚は、血縁関係のない2人が絆を結び、生活を共にする特別な契約であり、社会の調和を象徴する行為でもあります。

結婚と家庭の始まり

結婚は、新たな家庭を築くスタート地点です。血縁のない2人が互いを選び、家庭という基盤を共につくり上げる過程は、社会の調和の縮図といえます。

家庭という最小単位の調和が社会全体の安定にもつながるため、結婚は単なる個人の選択ではなく、より大きなエネルギーの流れの一部でもあります。

夫婦間の波動の調和が結婚生活を円滑に進める鍵です。互いの波動が高まり共鳴することで、感謝や尊重が自然に生まれ、家庭の雰囲気が和やかになります。反対に、波動が低下すると不調和が生じ、関係に悪影響を及ぼします。

家庭が社会に与える影響

家庭は社会全体の価値観や文化を反映し、次世代を育む場でもあります。家庭内での思いやりや助け合いの精神は、社会全体の人間関係に広がり、調和をもたらします。

また、家庭環境は子どもの人格形成に大きな影響を与えます。健全で調和の取れた家庭で育った子どもは、やがて社会においても調和の取れた行動を取るようになります。一方で、家庭内の不調和は社会全体の不安定要素となり得ます。

血縁を超えた家庭の意義

結婚により築かれる家庭は、異なる価値観や文化が融合する場でもあります。異なる環境で育った2人が協力し合い、助け合う姿は、社会全体に調和のメッセージを送るものです。夫婦が協力して家庭を維持することは、社会全体の安定と発展の原動力となります。

この血縁を超えた絆が、現代社会において多様性を受け入れる象徴的なモデルとも言えるでしょう。

結婚と波動の関係

幸福な結婚生活のためには、波動の調和が不可欠です。夫婦間で波動を高めるには、感謝や尊重の氣持ちを持つことが重要です。たとえば、日々「ありがとう」と感謝を伝えることや、共通の目標を持つことで波動を高め合うことができます。

波動の調和が取れた家庭は、自然と争いが減り、平和で幸福な雰囲気が生まれます。この調和が、社会全体によい影響を与える基盤となります。

まとめ

家庭は社会の最小単位として、社会全体の調和や幸福を支える重要な役割を担っています。結婚は、血縁を超えた絆を築き、家庭をつくる第一歩であり、その波動の調和が家庭の平和と幸福の鍵となります。

家庭内の調和が社会全体に波及し、次世代の成長を支え、安定した社会を築く基盤となります。家庭という小さな単位を大切にすることが、結果的に社会全体の幸福をもたらすのです。

2　離婚の本当の理由とは

離婚の一般的な理由として、「性格の不一致」「経済的問題」「浮気や不倫」が挙げられますが、これらは表面的な原因に過ぎません。その根本的な原因は、「お互いの波動を下げ合う関係性」にあります。波動とは感情やエネルギーの振動数を指し、夫婦間で波動が低下すると、関係を維持する力が弱まります。

ここでは、具体的な例を挙げながら、波動の観点から離婚の本質を解説します。

波動を下げ合う関係性とは

波動を下げ合う関係では、夫婦がお互いのエネルギーを奪い合うような言動を繰り返します。その典型的な例は以下の通りです。

- 愚痴や悪口を共有する

愚痴や他人の悪口は「怒り（150）」や「悲しみ（75）」といった低い波動を生み出します。一時的に共感が生まれても、長期的には関係全体の波動が低下し、ポジティブなエネルギーを失います。

- 頭ごなしに否定する

相手の夢や意見を否定する言動は、自尊心を傷つけ「無気力（50）」や「恥（20）」といった低い波動を引き起こします。否定される側は自信を失い、関係の中で孤独感を抱くようになります。

・価値観の衝突

たとえば、「安定を求める配偶者」と「リスクを取って起業を目指す配偶者」のように価値観が大きく異なる場合、互いに相手を理解できず波動が共鳴しません。このズレが関係を冷え込ませる原因となります。

感情と波動の数値

ホーキンズ博士の著書『パワーかフォースか』によれば、感情にはそれぞれ振動数があり、高い波動の感情は関係を良好に保つのに対し、低い波動の感情は関係を破綻させます。

・低い波動の感情

「恥(20)」「罪悪感(30)」「無気力(50)」は、夫婦関係を急速に悪化させる原因となります。たとえば、「どうせ無理だ」「意味がない」といった否定的な言葉は、相手を無気力にさせ、波動を著しく低下させます。

・高い波動の感情

「愛(500)」「喜び(540)」「平穏(600)」は、夫婦間のエネルギーを高め、関係を円滑にします。お互いを褒め合い感謝の言葉を交わすことで、自然と波動が高まり、信頼関係が深まります。

離婚を防ぐための波動改善

波動の低下が離婚につながる以上、夫婦間で波動を高め合うことが重要です。そのためには、次のアプローチが有効です。

- 感謝の習慣を持つ

日常の中で「ありがとう」と伝えるだけで、波動は大きく変わります。感謝は「愛（５００）」の波動を生み出し、関係を良好に保つ鍵となります。

- ポジティブな会話を心がける

相手の夢や意見を否定せず、共感や応援の氣持ちを伝えることで、「受容（３５０）」や「愛（５００）」の波動が広がります。

- 価値観の違いを受け入れる

異なる価値観を持つことは自然なことです。相手を変えようとするのではなく、互いに補い合う姿勢を持つことで、調和が生まれます。

まとめ

離婚の本当の原因は、「お互いの波動を下げ合う関係性」にあります。愚痴や否定的な言葉、価値観の衝突が波動を低下させ、夫婦間の信頼やエネルギーを奪ってしまうのです。

一方で、感謝や共感、ポジティブな会話は波動を高め、関係を強化します。波動を意識し、互いの波動を高め合うことで、離婚を防ぎ、幸福な関係を築くことが可能です。

3　お金がなくても結婚できる方法

近年、若者の結婚率が低下しており、その背景には経済的な不安が大きく影響していま す。非正規雇用の増加や賃金の伸び悩み、そして「お金がないと結婚できない」という考え方が、結婚への心理的な障壁となっています。

しかし、波動の観点から見ると、このような考え方がさらなる不安や困難を引き寄せる原因になっている可能性があります。結婚は条件や経済状況に依存するものではなく、愛と信頼を基盤とした関係性であるべきです。

結婚率低下の原因と課題

経済的不安が結婚への大きな障壁となっています。結婚には初期費用や新生活の準備といった出費が伴うため、「貯金がない」という現実が若者の間で結婚を遠ざけています。また、「独身で自由に生きるほうがよい」という価値観も広がり、結婚が必ずしも幸せにつながるという考え方が薄れていることも一因です。

このような状況下で、「経済的に安定してから結婚したい」と思う若者が増えていますが、その思考自体が不安の波動を生み出し、結婚のタイミングをさらに遠ざけている可能性があります。

「お金がないと結婚できない」の本質

「お金がない」という考えは、不安や恐れの波動を生み出します。本来の愛は無条件で支え合うものであり、「経済的な安定」という条件を付けることで、愛の本質が損なわれてしまいます。

- 条件付きの愛の問題

「お金があるなら結婚できる」という条件付きの愛は、不足感や恐れに基づいており、結果として波動を低下させます。このような考え方では、結婚生活にも不安やストレスが持ち込まれ、調和のとれた関係性を築くのが難しくなります。

- 不安が現実を悪化させる

「お金がない」という不安は、それ自体が低い波動を発し、さらなる経済的困難や関係の悪化を引き寄せる原因となります。愛の波動が高まれば、不足感ではなく「乗り越えられる」という安心感と信頼が生まれます。

愛の波動がもたらす力

愛の波動は、信頼、感謝、そして共感に基づいています。この波動を中心に据えた関係性は、経済的な困難を乗り越える力を生み出します。

- 信頼が絆を深める

経済的に厳しい状況でも、お互いを信頼し、支え合う意志を持つことで、波動は高まり、現実を好転させる力が働きます。結婚生活は、経済的条件よりも「共に乗り越えよう」という精神が重要です。

- 感謝が波動を高める

日常の中で感謝を忘れずにいることで、愛の波動は自然に高まり、パートナーシップにポジティブな影響を与えます。たとえば、「一緒にいられることへの感謝」が、困難な状況を和らげる鍵となります。

波動を整える結婚の選択

お金に囚われず、愛の波動を中心に据えた結婚は、経済的な不安を乗り越える基盤をつくります。

- 経済的不安を乗り越える工夫

お金が十分でなくても、小さな成功体験を積み重ねることで波動が高まり、自然と現実が好転していきます。たとえば、共通の目標を設定し、日々努力を共有することで、二人の絆が深まります。

- 調和の取れた家庭を築く

波動が高い状態を保つことで、愛情と安心感に満ちた家庭が築かれます。経済的な困難があっても、愛の波動によって乗り越えられることを実感するでしょう。

まとめ

「お金がないと結婚できない」という考えは、不安や不足感の波動によってさらなる困難を引き寄せる原因となります。一方で、愛の波動を基盤とした結婚は、信頼や感謝を中心に据え、困難な状況を乗り越える力を与えてくれます。

結婚は条件や経済力ではなく、共に歩む意志と支え合いの中で真の愛を見出す行為です。お金に囚われず、高い波動でパートナーシップを育むことで、結果的に経済的にもうまくいく人生を歩むことができるでしょう。

4　すべてを捨てても守りたいたった1人を見つける生き方

パートナーシップとは、人生における「たった1人」を決めることです。それは、他のすべてを手放してでも共に歩みたいと思える相手を選び、その人と深い絆を築くという覚悟を伴います。この選択は、人生の方向性を決定づけ、内面的な幸福感や調和をもたらす生き方に繋がります。

パートナーシップの本質

パートナーシップは、単なる恋愛や結婚を超えた、心のつながりを中心に据えた関係です。

それは、波動の共鳴や価値観の一致を重視するものであり、表面的な条件ではなく、相手と生きる喜びを基盤とします。

「たった1人を決める」とは、迷いや不安を超えてその人を選び、人生を共に築く意志を持つことです。

この意志こそが、関係の深さを育み、困難を乗り越える力となります。

土の時代と風の時代の違い

社会はいま、土の時代から風の時代へと移行しています。この変化により、パートナー選びの基準も変化しています。

・土の時代の基準

土の時代では、収入や地位、職業といった物質的な条件がパートナー選びの主な基準でした。これらの要素は物質的な安定をもたらしましたが、精神的な満足感や調和を軽視する傾向がありました。

・風の時代の基準

風の時代では、心の波動が共鳴する相手を選ぶことが重要視されています。目に見える条件よりも、価値観の一致や精神的なつながりが幸福感の鍵となります。たとえば、夢を共有し、会話を楽しめる相手や、共に成長できる関係が重視されます。

波動が共鳴するパートナーの意義

波動の共鳴とは、お互いのエネルギーが調和し、安心感と幸福感を生む状態を指します。このようなパートナーシップは、人生における多くの困難を乗り越える力をもたらします。

・精神的なつながりが生む豊かさ

波動が共鳴する相手との関係は、深い安心感と幸福感を生み出します。それは、互いを支え合うことで困難を乗り越えられるエネルギーをもたらし、人生の挑戦を前向きに受け止める力となります。

・内面的な充実感

条件付きの愛では得られない深い満足感が、波動の共鳴によるパートナーシップから得られます。これにより、感謝や思いやりが自然に生まれ、関係性がさらに強化されます。

条件付きの愛ではなく心で選ぶ

条件付きの愛は、土の時代の象徴です。収入や地位といった条件に基づいた愛は、条件が変われば容易に崩れる可能性があります。一方、風の時代では、無条件の愛が調和の取れた関係を育む鍵となります。

・無条件の愛の力

相手の存在そのものを尊重し、信頼することで、関係に深い調和が生まれます。この無条件の愛が、長く続く幸せなパートナーシップを築く基盤となります。

・愛の波動を育む選択

波動が共鳴する相手を選ぶことで、互いの波動が高まり、ポジティブな現実を引き寄せます。愛の波動に基づく選択は、人生全体に調和と幸福をもたらすのです。

まとめ

愛の波動は、人生を支える見えないエネルギーそのものです。それは、「すべてを捨てても守りたい１人」を見つけ、その人との調和の中で生きる選択により高まります。風の時代におけるパートナーシップは、物質的な条件ではなく、価値観の一致や波動の共鳴を重視するものです。この選択こそが、人生に真の豊かさと幸福をもたらす鍵となります。

5　パートナーとの波動共鳴を深める秘訣

波動共鳴とは、私たちのエネルギーや振動数が相手と調和し、心地よい感覚や深い絆を生む現象です。

すべての物質や生命体は微細な振動を発しており、それが相手と響き合うことで共感や安心感が生まれます。波動共鳴は、パートナーシップを深め、調和の取れた関係を築く重要な要素です。

波動共鳴と「肌が合う」感覚

「肌が合う」という表現は、相手とのエネルギーの調和を直感的に感じ取る体験です。科学的には、私たちの細胞も微細な振動を繰り返しており、この振動が一致すると心地よさを覚えます。たとえば、パートナーと手をつないだ際に感じる安心感や温かさは、波動共鳴によるものです。

このようなエネルギーの交流が、2人の関係をより深いものにしていきます。

音楽による波動共鳴の体感

音楽は波動共鳴を実感するのに最適な例です。音楽は周波数そのものであり、私たちの感情やエネルギーに直接影響を与えます。同じ曲を聴いて心が動かされたり、感動を共有したりする経験は、波動が一致している証拠です。

一緒に音楽を楽しむことで、感情的なつながりが強まり、2人の波動がより高まります。この共鳴は、関係性を深める大切な要素です。

趣味と価値観の一致が生む波動共鳴

波動共鳴は、趣味や価値観にも現れます。共通の趣味を持つことは、2人が同じエネルギーや方向性を共有していることを示します。たとえば、アウトドアが好きなカップルが自然の中で過ごすと、お互いの波動が高まり、共通の楽しさを共有することで関係が強化されます。

また、趣味を通じてお金や時間の使い方が一致することは、価値観の調和を生み、関係をより安定したものにします。

波動共鳴がもたらす調和と幸福

波動が共鳴する関係は、互いを理解しやすく、精神的なつながりを強める特徴があります。言葉にしなくても気持ちを汲み取り合える安心感は、波動共鳴の効果の１つです。この調和は、２人のエネルギーを高め、幸福感をもたらします。

また、ポジティブな波動が循環することで、現実にもよい変化が引き寄せられ、関係性だけでなく個々の成長にも繋がります。

まとめ

波動共鳴は、深い絆を築くための重要な鍵です。「肌が合う」感覚や音楽の共有、趣味や価値観の一致といった日常の中で体感する波動共鳴は、２人のエネルギーを高め、調和の取れた関係を実現します。

このような関係性は、困難を乗り越える力となり、内面的な幸福感をもたらします。波動が共鳴するパートナーと出会い、その絆を深めることは、人生を豊かで充実したものに変える最善の方法と言えるでしょう。

6 波動が上がる時間の過ごし方

私たちが生きる「いま」という瞬間は、過去でも未来でもなく、唯一の現実です。しかし、多くの人が過去の後悔や未来の不安に囚われ、この「いま」を大切にできていません。特に、最愛のパートナーとの時間の過ごし方は、私たちの波動や人生全体に大きな影響を与える重要なポイントです。

「いま」に集中できない日本人の習慣

日本では、「忙しい」という言葉が象徴するように、心を亡くした状態で生活する人が多い傾向にあります。たとえば、パートナーと同じ空間にいても、スマートフォンや仕事のことに意識を向け、本当の意味で一緒に過ごしていないケースがよく見られます。

この「いま」に集中できない習慣は、パートナーシップを軽視する原因となり、波動を下げてしまいます。

ヨーロッパに学ぶ「いま」を楽しむ姿勢

スペインなどのヨーロッパ諸国では、「いまこの瞬間」を大切にする文化が根付いています。たとえば、食事中は会話を楽しむことに集中し、スマートフォンをいじる姿はほとんど見られません。また、老夫婦が手をつなぎながら散歩する光景も日常的です。

こうした「いまを共有する時間」が、パートナー間の波動共鳴を高め、幸福感をもたらしています。さらに、彼らは本音で生きることを重視し、嘘をつかず、心の中と行動を一致させることで、信頼と調和を築いています。

パートナーシップを最優先する意義

日本では「お金がない」「仕事が忙しい」といった理由で、パートナーとの時間が後回しにされることが多いですが、実はパートナーシップを優先することが人生全体の波動を高める鍵となります。愛情深い関係を築くことで、結果的に仕事や経済面にもよい影響が及ぶことが多く見られます。成功者の多くが素晴らしいパートナーシップを持っているのは、その証拠です。

パートナーとの「いま」を感じる

最愛のパートナーと共に過ごす時間こそ、最も波動が高まる瞬間です。それは単に同じ空間を共有するだけではなく、心を通わせ、気持ちを共有することに意味があります。

このような時間は、心身を癒し、人生全体を豊かにします。波動が共鳴することで、ポジティブなエネルギーが循環し、よりよい現実を引き寄せる力となるのです。

まとめ

波動が上がる時間の過ごし方とは、「いま」を大切にし、パートナーとの愛を育むことです。日本では「お金」や「仕事」が優先されがちですが、ヨーロッパのように、パートナーシップを最優先にすることで、人生全体が調和と幸福に満ちたものになります。

人間関係が豊かで安定している人は、愛情を日々の生活の中心に据え、そのエネルギーを循環させています。愛も仕事もうまくいく人々は、例外なくパートナーとの時間を大切にしています。いまこの瞬間を意識し、最愛の人と共に過ごすことで、波動を高め、豊かな人生を築いていきましょう。

７　愛が成就する「パートナーシップ」の極意

愛が成就するためには、パートナーシップの中で波動を高め合うことが不可欠です。私たちの感情やエネルギーである波動を理解し、それを意識した行動やコミュニケーションを取ることで、パートナーシップは深まり、愛の絆が育まれます。

波動を高め合う基本

感情には波動の高さがあり、愛（５００）、喜び（５４０）、平穏（６００）は高波動の感情です。特に平穏は心の安らぎをもたらし、パートナーとの波動共鳴を高めます。否定的な言葉や行動は低波動を引き起こし、関係を不安定にします。

感謝の言葉や相手を認める行動を心がけることで、２人の波動が調和し、関係性が向上します。

誠実な生き方が波動を保つ

心と言葉、行動を一致させることで波動を保つことができます。たとえば、心では感謝しているのに言葉にしなかったり、行動が伴わなかったりすると波動が下がります。

また、怒りや不安といった低波動の感情は、自分だけでなく相手のエネルギーも低下させるため、それらをコントロールする意識が重要です。

感謝が愛を深める

パートナーシップにおいて、感謝の氣持ちを忘れないことは関係性を深める鍵です。小さなことでも「ありがとう」と伝えることで波動は高まり、愛の絆が強化されます。特に、一緒にいるだけで安らぎを感じる「平穏」の波動は、愛や喜びを超える調和を生み出します。この安らぎが、パートナーシップを長続きさせる基盤となるのです。

パートナーを最優先にする覚悟

パートナーシップを築くには、人生でたった1人を最優先にする覚悟が必要です。「仕事が忙しい」「お金がない」といった理由でパートナーとの時間を後回しにすると、関係は次第に薄れていきます。

一方で、愛の関係を優先することで波動が上がり、それが仕事や経済的な安定にも好影響を与える好循環を生み出します。

波動共鳴が創り出す現実

高波動のパートナーシップは、人生全体をポジティブな方向へ導きます。夫婦間で信頼と調和があると、それが仕事や人間関係にも波及し、よりよい現実を引き寄せます。

一緒にいるだけで心が満たされ、困難な状況も共に乗り越える力を育む関係は、真に愛のあるパートナーシップと言えるでしょう。

まとめ

愛が成就するパートナーシップを築くには、互いに波動を高め合う努力が必要です。感謝の言葉を忘れず、心と言葉、行動を一致させることで、愛の波動が高まり、絆が深まります。また、人生でたった1人を最優先にする覚悟が、愛を育み、成功へと導く鍵となります。

8　お金も回る理想のパートナーシップとは

お金の流れや経済の基盤には、人々の感情や波動が大きく関与しています。家庭内の愛情やサポートは、目に見えるお金以上の価値を持ち、波動を高める重要な役割を果たします。成功するパートナーシップの鍵は、感謝と「徳積み」にあります。

家庭内での「徳積み」の重要性

家庭では、日常生活に必要な多くのサポートがパートナーによって提供されています。食事の準備や洗濯、送迎、悩みの相談といった行為は、独り身であれば多額の費用がかかるものですが、家庭内では当然のように「無償」で行われます。この「当たり前」に感謝することが、波動を高める第一歩です。

また、家事を進んで引き受けることは、家庭内での「徳積み」となり、感謝の氣持ちを形にして表す行動として重要です。特に男性は、体力を活かして負担の大きい家事を担うことで、家庭全体の運を巡らせることにつながります。

波動性の「陰陽」と家庭が与える影響

家庭と仕事は、「陰」と「陽」の関係にあります。仕事でのトラブルや問題が多い場合、その原因が家庭内の波動の乱れにあることも少なくありません。たとえば、家庭でパートナーの本音を聞いていなければ、仕事でお客様からクレームを受けるなど、形を変えて、その不調和が具現化されることがあります。

家庭の波動が整うことで、仕事や他の人間関係も良好になり、経済的成功へと繋がります。実際、ビジネスの成功者たちは家庭の調和を重視し、パートナーとの関係を最優先にしています。

成功者が実践するパートナーシップの波動性

ビジネスで成功している人々は、家庭の波動が仕事に与える影響を理解しています。彼らは、パートナーに感謝し、愛情を示すことで家庭内の調和を保ち、そのエネルギーを仕事や社会生活に活かしています。

家庭をおろそかにすると、仕事にも負の影響が現れるため、まず家庭内の調和を整えることが最優先事項となるのです。

感謝と行動が生むポジティブな影響

パートナーが提供してくれるサポートや愛情に感謝を示すことは、家庭全体の波動を高める鍵です。感謝を言葉や行動で表し、積極的に家事や家庭の役割を担うことで、相互に波動を高め合う関係性が築けます。

こうした行動が、仕事や経済的な状況をも好転させるエネルギーとなります。

まとめ

お金が回る理想のパートナーシップとは、家庭内で波動を高め合い、感謝と徳積みに基づいた関係性を築くことです。家庭での調和が仕事や社会生活に影響を与え、経済的成功にもつながります。

愛情と感謝を大切にするパートナーシップは、人生全体を豊かで幸せなものにする力を持っています。

9　風の時代に適応した新しい子育て論

現代の子どもたち、特に「Z世代」と呼ばれる世代は、テクノロジーの恩恵を受け、ポジティブな波動を自然に発する一方、大人の古い価値観に反発する傾向も見られます。さらに、物質的な豊かさよりも、精神的な充実や自由を重視する傾向が強く、従来のルールや固定観念にとらわれない生き方を求めています。

風の時代に適応した子育てを行うには、親が波動の概念を理解し、子どもたちの資質や特性を尊重し、彼らの個性を押さえつけるのではなく、そのエネルギーを創造的に活かす環境を整えることが、これからの時代に求められる子育ての在り方となるでしょう。

Z世代の特徴と波動の高さ

Z世代は、情報にアクセスするスピードや量が飛躍的に向上したデジタル時代に育ち、多様な価値観を受け入れる柔軟性を持っています。彼らは、愛や喜び、平穏といった高い波動を自然と発し、過去の世代とは異なる感覚で世界を捉えています。

しかし、大人の「意志を持て」「もっと努力しろ」といった土の時代的な固定観念が、子どもたちの波動を下げる原因となり、不登校や社会への不信感を生むこともあります。

土の時代の教育がもたらす弊害

土の時代の教育は、競争や比較を重視するものでしたが、これはZ世代の高い波動には適合しません。彼らが持つ平穏や喜びの波動を維持し高めるには、親や教育者が古い価値観を見直し、子どもの波動を乱さない教育を行うことが重要です。特に、子どもたちが自然と放つポジティブな波動を理解し、それをサポートすることが求められます。

資質を伸ばす教育の重要性

子どもたちの資質や才能は、目に見えるものではなく、波動に表れます。親は、子どもの資質を見つけ、それを高めるための環境を整える役割を担っています。たとえば、子どもが自然体で取り組める活動や、喜びを感じる場を提供することが、資質を伸ばす教育の基盤となります。また、親自身が波動を高め、子どもにポジティブな影響を与えることも大切です。

戦前のしつけと風の時代の子育て

戦前の日本では、しつけを通じて子どもが波動を下げる行動をしないよう教育していました。この「しつけ」は、単なる規律ではなく、子どもの波動を高める行動を身につけさせるものでした。

風の時代の子育てでは、この精神性を参考にしつつ、子どもの個性や資質を尊重した柔軟な教育が求められます。

風の時代にふさわしい子育ての在り方

親が波動を理解し、子どもたちの波動を高めることが、彼らの未来を明るくする鍵です。大切なのは、土の時代の固定概念を押し付けず、子ども1人ひとりの特性を見極め、その資質を活かす教育を行うことです。

波動を尊重し調和を重視することで、子どもたちは自分らしい人生を歩みやすくなり、社会全体の波動も高まります。

まとめ

Z世代の子どもたちは、既に高い波動を持って生まれています。その波動を維持し高めるためには、土の時代的な教育を見直し、風の時代に適応した柔軟な子育てが必要です。親自身が波動を高め、子どもの資質や特性を尊重することで、子どもたちは自己肯定感を持ち、自分らしく生きられる未来を築くことができます。

波動を理解し、調和を重視した子育てこそが、次世代の可能性を最大限に引き出す方法です。

10　愛も仕事も一緒に！　カップル起業のすすめ

現代は、複数の仕事を持つ「副業時代」に突入し、働き方が多様化しています。その中でも「カップル起業」は、夫婦や恋人同士が共に波動を高め合いながら、人生を充実させる新しい働き方として注目されています。

愛情や信頼を基盤にしたビジネスの形は、風の時代における理想のライフスタイルを実現する鍵となるでしょう。

カップル起業のメリット

・交友関係とお金の透明化

カップルで起業することで、互いの交友関係や仕事仲間を共有でき、信頼関係が深まります。また、収入や支出をオープンにすることで、お金に関する不安やトラブルを回避し、経済的な調和が生まれます。

・仕事の共有と資質の活用

同じ仕事に取り組むことで、悩みや喜びを共有し、共通の視点で課題を解決できるようになります。さらに、夫婦それぞれの得意分野や資質を活かした分業が可能になるため、事業全体の効率と成功率が向上します。

・柔軟なライフスタイル

カップル起業は、インターネットを活用した働き方が主流であるため、時間や場所に縛られません。たとえば、旅行を楽しみながら働いたり、家庭の時間を大切にしたりと、理想的なライフスタイルを実現できます。また、仕事とプライベートのバランスを柔軟に調整できるため、心身の健康を保ちつつ、長期的に充実した生活を送ることができます。

お互いの波動を高め合う効果

・感謝と応援の連鎖

パートナーの努力や成果を間近で感じることで、自然と感謝の氣持ちが生まれます。困難なときは支え合い、成功時には共に喜ぶことで、２人の絆がより深まります。この愛と感謝の波動が家庭全体のエネルギーを高め、ポジティブな循環を生み出します。

・喜びを分かち合う充実感

仕事の成功や目標達成を共有することで、喜びが2倍以上に膨らみます。このような体験を繰り返すことで、夫婦間の信頼と幸福感がさらに強固なものとなります。

カップル起業が次世代に与える影響

・子どもへの教育効果

カップルで働く姿を見せることは、子どもにとって大きな教育効果をもたらします。両親が協力しながら生き生きと働く姿は、「働くことの意義」や「人生の目標を共有すること」の大切さを自然に伝える最高の教材となります。

さらに、自分たちの力で事業を築き、柔軟な働き方を実践することで、「仕事の自由度」や「自己実現の可能性」を体感させることができます。

風の時代にふさわしいパートナーシップ

カップル起業を通じて、夫婦関係は単なる家族の枠を超え、人生を高め合う真のパートナーシップへと進化します。お互いの資質や強みを活かし合いながら、愛情と信頼を基盤にした働き方は、風の時代にふさわしい新しい夫婦の形を体現するものです。

まとめ

カップル起業は、仕事と愛を両立させる理想的な選択肢です。お互いの交友関係や資質を共有し、感謝し合うことで、波動を高め、家庭も仕事も調和に満ちたものにする力があります。子どもへの教育効果や柔軟なライフスタイルの実現も、カップル起業の魅力です。愛と仕事を一体化させたこの働き方は、時間的にも経済的にも、効率よく人生をより豊かで幸せなものに変える可能性を秘めています。

また、互いの価値観や目標をより深く理解し、人生の方向性を一致させることができるため、夫婦の絆はより強固なものとなり、ビジネスパートナーを超えた真のパートナーシップが築かれます。さらに、自由な働き方を選択できるため、家族との時間を大切にしながら、自分たちのペースで人生をデザインすることが可能になります。カップル起業は、風の時代にふさわしい、新しい夫婦のあり方を示す生き方の1つといえるでしょう。

第7章　風の時代の「ビジネス」と「働き方」

1　高度経済成長を支えた波動コントロールの裏側

戦後の日本は、焦土と化した国土の再建を余儀なくされ、「恥」「孤独」「無氣力」「罪悪感」「悲しみ」「恐怖」といった低い波動が国民全体を覆っていました。

これらの感情はホーキンズ博士の『パワーかフォースか』における波動数値で、20～100に該当する低エネルギーの状態です。この時代、日本は希望を失った停滞期にありましたが、社会全体で波動を引き上げる施策が成功し、高度経済成長を成し遂げました。

戦後の低波動とその影響

敗戦により、多くの日本人が「生きている恥」という感情や、失われた命への罪悪感、未来への恐怖に苦しみました。この低波動は、社会全体を停滞させ、生きる意欲を失わせるほどの影響を及ぼしました。

怒りと勇気をバネにした波動向上

復興の原動力となったのは、「怒り」や「勇氣」「プライド」を利用した波動コントロールです。「怒り（１５０）」は、無氣力や悲しみを超え、行動を生むエネルギーに転換されました。戦後のスローガン「見返してやろう」というメッセージは、多くの人々に再起への活力を与えました。また、「男はプライドと度胸が大事」といった教育により、「勇氣（２００）」や「プライド（１７５）」が鼓舞され、復興へ向けたエネルギーが生まれました。

欲望を刺激したメディア戦略

次に注目されたのは「欲望（１２５）」の波動です。メディアを通じて、「テレビがあれば豊かになれる」「車や一軒家で幸せを掴む」といったメッセージが広まりました。これにより、人々は目標を持ち、行動へと駆り立てられました。

この消費意識の拡大は、家電、自動車、不動産市場を中心とした産業成長を加速させました。

波動コントロールによる集合意識の変化

怒り、勇氣、プライド、欲望といった感情が国民全体に浸透したことで、社会の集合意識が「停滞」から「成長」へと変化しました。これが、日本の高度経済成長の原動力となり、インフラ整備や産業拡大が急速に進みました。

まとめ

戦後日本の復興と高度経済成長を支えたのは、波動を段階的に引き上げる施策でした。低波動に囚われた状況から、「怒り」「勇氣」「プライド」「欲望」といった感情を活用し、エネルギーを再構築することで、世界屈指の経済大国へと成長を遂げました。

この成功例は、波動が個人や社会の行動に大きな影響を与えることを示しています。現代においても、波動を意識し向上させることが、よりよい未来を創造する鍵となるのです。

2 物質的豊かさから「精神的豊かさ」へと進化する時代

現代は、物質的な成功を追求した「土の時代」から、精神的な豊かさを重視する「風の時代」へと移行する重要な過渡期です。土の時代では、所有や地位、物質的な豊かさが幸福の象徴とされてきました。しかし、技術の進化や社会の成熟によって、人々は物質的充足以上の価値を求めるようになり、精神的な豊かさが新たな基準として台頭しています。

Z世代の登場と価値観の変化

Z世代は、1990年代後半から2010年代初頭に生まれた、デジタルネイティブ世代です。彼らは生まれたときからインターネットやスマートフォンに親しみ、多様な価値観を柔軟に受け入れる感性を持っています。

物質的な豊かさに執着せず、精神的な充実や個性の発揮を重要視する彼らは、昭和世代の「物を持つことが幸せ」という固定観念を超えています。

世代間の波動の違い

昭和世代（40代以上）は、欲望（125）や勇氣（200）といった感情を動力に物質的な成功を追求してきました。一方、Z世代は理性（400）、愛（500）、喜び（540）といった高い波動に共鳴し、物質よりも精神的な満足を優先します。この違いは、彼らが「自分らしく生きる」ことを最高の価値と直感的に理解していることに起因しています。

物質的豊かさの限界と精神的価値への転換

物質的な豊かさの追求は、既にピークを迎えています。たとえば、これ以上の便利な道具や新しい物質的発明を必要とする人は少なく、所有欲だけでは人々の幸福感を満たせなくなっています。この限界を迎えたいま、多くの人々は精神的豊かさ、つまり愛や平穏、感謝といった高波動を求めています。

風の時代におけるビジネスの進化

風の時代における成功の鍵は、「精神的な充足感」を提供することです。物質的な商品やサービスに加え、高い波動を伴う体験や感情を生み出すことが求められます。

たとえば、愛や喜びをテーマにした商品、平穏を感じられる空間や体験は、Z世代のような高波動を求める世代にとって特に魅力的です。さらに、世代間の波動の違いを理解し、相互に調和することが、成功の秘訣となります。

まとめ

現代は、物質的な豊かさがピークを迎え、精神的な豊かさへの移行が進む重要な時代です。Z世代のように高い波動を基準に生きる世代は、自分らしさや精神的な充実を幸福の軸にしています。

この変化に対応するためには、個人も社会も、愛や喜び、平穏、悟りといった感情を提供できる仕組みを構築することが必要です。物質的な所有を超えた「精神的な豊かさ」を提供する商品やサービスが求められます。

だからこそ、持続可能なライフスタイルの提案や、テクノロジーを活用した心の充実を図る体験が、新しい時代のビジネスを成功させる鍵となるでしょう。

3　人と人が繋がる本質は「価値の交換」

人との関わり合いの本質を一言で表すなら、それは「価値の交換」です。ここでいう価値とは、対価を払ってでも得たいと思うものを指し、物やサービスだけでなく、安心感、喜び、経験といった目に見えないものも含まれます。この価値をお互いに提供し合うことで、関係が成り立ち、深まっていくのです。

価値の本質とは

価値とは、相手が対価を払ってでも欲しいと感じるものです。それは商品やサービスだけでなく、時間や感情、共感といった精神的なものも含まれます。

たとえば、カフェでのコーヒーには、その味やリラックスできる空間という価値が含まれています。

また、友人との相談では、安心感や心の軽さが得られる一方で、相談を受けた友人は信頼や友情という形で価値を受け取っています。このように、価値は目に見える形だけではなく、体験や感情を通じて交換されるのです。

なぜ価値交換が重要なのか？

価値交換は、信頼関係の基盤です。相手に価値を提供し、それに対して感謝や適切な対価が返されることで、関係がより強固になります。これがビジネスであれば、顧客は満足し、リピートにつながります。人間関係でも同様に、一方的な与えすぎや受け取りすぎでは関係が不均衡になり、破綻しやすくなります。お互いに価値を提供し合うことで、調和が保たれ、持続可能な関係が築けるのです。

価値を提供するための鍵

価値を提供するには、まず相手が何を求めているかを理解することが大切です。それが商品であれば、顧客のニーズを知ること。人間関係であれば、相手の悩みや期待を察することです。さらに、その価値に見合う対価を得られるバランスを意識する必要があります。たとえば、努力や時間に対する対価が得られない場合、価値交換は成立せず、不満を生む原因となります。

風の時代における価値交換

風の時代では、価値交換の中心が物質から精神的なものへとシフトしています。物を所有することよりも、心地よさや喜び、安心感といった精神的な豊かさが重視されるようになっています。たとえば、ただの消費ではなく、心を満たす体験や共感が得られるサービスや交流が求められます。このため、価値交換の鍵は「目に見えない価値をいかに提供するか」にあります。

まとめ

人とのつながりの本質は、価値交換にあります。それはお金や物に限らず、安心感や共感、喜びといった精神的な価値も含まれます。価値交換を通じて信頼が築かれ、関係が深まります。

風の時代においては、物質的な価値以上に、心を満たす精神的な価値が重要になります。この価値を提供し合うことで、人間関係や社会全体がより調和のとれたものへと進化するのです。

4　時代を超えて変わらない普遍的な価値

人が人に提供できる価値は、「知識」「経験」「スキル」「実績」「信頼」という5つの要素に集約されます。これらは時代を超えて人間関係やビジネスの基盤を支え続けています。土の時代ではこれらを高く積み上げることが重視されましたが、風の時代では、それを横に広げ、他者と共有することで新たな価値を生み出すことが成功の鍵となっています。

知識・経験・スキル・実績・信頼の具体例

「知識」は、弁護士や医師が専門分野で問題を解決する力に、「経験」は料理人が長年の積み重ねでつくり出す独自の味に表れます。「スキル」はデザイナーが美しいウェブサイトをつくる能力や、エンジニアがシステムを構築する技術を指します。

「実績」は成功したプロジェクトや受賞歴で証明され、「信頼」は人間関係や取引の基盤として機能します。これらは、提供する側も受け取る側も価値を実感できる普遍的な資源です。

土の時代における価値の積み上げ

土の時代の成功者は、これらの価値を「高く積み上げる」ことに集中しました。

たとえば、大学で高度な知識を習得し、職場で経験や実績を積み上げ、地位や名誉を獲得する。これにより、物質的な成功や社会的ステータスを得ることが幸福とされました。

この時代の象徴は、権威や地位、財産を目に見える形で積み上げることで、価値を実現する生き方です。

風の時代における価値の広げ方

一方、風の時代では、これらの価値を積み上げるだけでなく、それを横に広げることが求められます。知識やスキルをＳＮＳやオンライン講座で共有し、コミュニティーを形成してつながりを生み出すことが、新しい成功の形です。

たとえば、料理人がオンラインでレシピ動画を配信し、世界中の人々に価値を提供するような例は、風の時代の象徴的な在り方です。

土の時代と風の時代の違い

土の時代では、スキルや実績を限定的な顧客に提供し、特定の市場で価値を独占することが重視されました。

一方、風の時代では、価値を広く共有し、つながりを生むことで、より大きな影響力を生み出すことが主流になっています。個人の成功は、コミュニティーや社会全体への影響力と深く結びついています。

まとめ

知識、経験、スキル、実績、信頼は、時代を超えて変わらない普遍的な価値です。しかし、土の時代ではそれを積み上げることが重視されていたのに対し、風の時代では、それを広げて共有することが成功の鍵となります。

これからの時代を生きる上で、どれだけ多くの人に価値を届け、つながりを生むかが、真の成功を決める要素となるでしょう。

5　風の時代を生き抜くための成功パターン

時代は「土の時代」の安定志向から、「風の時代」の自由と多様性を重視する価値観へと大きく移り変わっています。土の時代では物質的豊かさや地位が成功の基準とされていましたが、風の時代においては精神的な充実やつながりが鍵となります。この変化は、職業やビジネスのあり方においても明確に表れています。

土の時代の象徴的な働き方

土の時代では、安定性が最も重要視され、大企業の社員や公務員、専門職が成功の象徴とされました。終身雇用や年功序列といった仕組みに支えられ、長期間働き続けることで安定した収入や信頼を得ることが可能でした。

ビジネス面では、大量生産・大量消費が主流で、物理的な商品やサービスの提供が重視されていました。成功の象徴は、高層オフィス、マイホーム、車など、所有に基づいたものでした。

風の時代の働き方の特徴

風の時代では、自由、柔軟性、多様性が価値の中心です。副業やフリーランス、リモートワーク、パラレルキャリアが一般化し、１つの企業や職業に縛られずに自分の価値観に合った働き方を選べるようになりました。特にオンライン技術の進化は、デジタルコンテンツの販売やＳＮＳを活用した個人ブランディングを可能にし、物理的な制約を超えて働く環境を提供しています。

また、風の時代では精神的な満足感やつながりが重要視されます。健康やウェルネス、自己啓発、体験型サービスなど、心を豊かにするビジネスが拡大しています。成功の基準も「所有」から「共有」へと移行し、人々の心を満たし、つながりを生むことが評価されるようになりました。

土の時代と風の時代の比較

土の時代では安定性と物質的な成功が重視されていたのに対し、風の時代では自由や精神的豊かさが重要視されます。物質的な所有が評価基準だった土の時代と異なり、風の時代では、自分らしい生き方や他者との調和、精神的満足感が成功の象徴となっています。

風の時代の成功パターン

風の時代に成功するためには、次のポイントが重要です。

- オンラインとオフラインの融合

オンラインで影響力を広げつつ、オフラインでの人間関係を大切にする。

- 価値の共有と広がり

自分の知識や経験、スキルを積極的に共有し、新たなつながりやビジネスチャンスを生む。

- 柔軟な働き方

1つの職業に固執せず、多様な収入源を確保し、柔軟性を高める。

- 精神的価値の提供

人々の心を満たし、安心感や喜びを与えるサービスを展開する。

まとめ

風の時代では、多様性と精神的豊かさを重視した柔軟な働き方が求められます。自分の価値を広く共有し、他者とのつながりを活かすことで、新たな成功の形を築くことができます。これからの時代に適応するためには、変化を恐れず、自分らしさを大切にしながら新しい働き方を実践することが鍵となるでしょう。

6　職業や肩書きが意味を失う時代

職業や肩書きが人生の成功を決めるという考え方は、近代社会が生んだ価値観です。しかし、これは本来の成功とは異なります。

本当の成功とは、自分の役割を全うし、社会に価値を提供することで得られるものです。風の時代において、この「役割」を重視する生き方が新しい価値観として浮上しています。

役割を重視した仕事の歴史

株式会社や資本主義が広がる以前、人々の仕事は社会の中で特定の「役割」を果たすものでした。農民は食料を提供し、職人は道具をつくり、教師は知識を伝えるなど、それぞれが持つ資質を活かして貢献していました。

この時代における成功とは、役割を果たし、周囲から感謝されることでした。職業や肩書きよりも、社会との調和が重視されていたのです。

近代社会がもたらした誤解

近代社会では、職業や肩書きが成功の象徴とされました。企業の役職や専門職は、外見的な評価として人々に「成功者」のイメージを与えます。しかし、これは他人と比較する価値観を強化し、自分らしさを見失う原因にもなっています。「医師にならなければ」「有名企業に入らなければ」といったプレッシャーにより、本来の資質や役割を忘れ、自分に合わない道を選ぶ人も少なくありません。

職業や肩書きよりも役割を大切に

真の成功は、自分の役割を見つけ、それを通じて価値を提供することにあります。たとえば、誰かを笑わせることが得意な人は、その能力を活かして周囲を明るくすることが役割となります。また、肩書きや職業に縛られず、自然体で他者に価値を与えることが、結果的に豊かな人生を築く鍵となります。こうした生き方は、職業や地位に関係なく、誰にでも実現可能です。

風の時代の成功観

風の時代では、職業や肩書きは価値の中心ではありません。オンラインや多様な働き方が普及したことで、役割を自由に選び、自分の資質を活かせる時代になっています。副業や個人の発信を通じて、他者に価値を提供する機会が広がり、自己表現の自由が増しています。

このように、自分の役割を発揮することで社会とつながり、感謝される経験が成功の実感につながるのです。

まとめ

職業や肩書きは、成功や価値を決める絶対的なものではありません。本来の成功とは、自分の役割を見つけ、それを果たして社会に価値を提供することです。

風の時代を生き抜くには、肩書きや地位に囚われるのではなく、自己の本質を活かし、役割を通じて社会とのつながりを深めることが重要です。この考え方を取り入れることで、より自分らしい人生を築くことができるでしょう。

7　資質を活かして「役割」を選ぼう

私たちが社会で果たすべき「役割」は、自分の資質に基づいて選ぶべきです。しかし、多くの人が自分の資質を理解せず、与えられたスキルや経験に基づいた働き方をしています。その結果、本来の力を発揮できず、非効率で疲弊する働き方に陥ることが少なくありません。

資質と役割の不一致がもたらす課題

現代の会社員の働き方は、個人の資質を活かす仕組みとは言い難い部分があります。会社員の評価体系はスキルや業績が重視されるため、資質が活かされない役割に配置されることがあります。

たとえば、コミュニケーションが苦手な人が営業職に就いた場合、無理をして働き続けることで消耗し、成果も思うように上がりません。

また、定期的な部署異動や役職変更によって、自分の得意分野から外れた業務を求められることも、資質と役割の不一致を引き起こす要因となっています。

資質を理解し役割を変えた成功例

私自身の経験から、資質を活かせる役割を選ぶことが成果に直結することを実感しています。自分の資質に合わない働き方をしていた頃は、短期的な成果は得られるものの、疲弊感や波動の低下を感じていました。

しかし、自分の波動と資質を深く理解し、役割を大きく転換したことで、次のような変化がありました。

• 「王」の資質を活かす

経営者として現場を離れ、全体を俯瞰し組織の方向性を示す役割に専念しました。戦略的判断を担うことで「第六感」が活き、組織全体の成果が向上しました。

• 「情報」の資質を活かす

情報を収集し発信する役割に集中しました。講演や執筆活動を通じ、良質な情報をわかりやすく提供することで、より多くの人々に価値を届けられるようになりました。

• 「一途」の資質を活かす

自分が共感できることにのみ集中し、違和感のある人や仕事を排除しました。その結果、ストレスフリーな環境で働けるようになり、労力を大幅に削減しながらも、売上を飛躍的に向上させることができました。

資質を活かす働き方の成果

資質を理解し、それを役割に反映させることで、仕事の成果が劇的に向上します。私の実例では、次のような成果を得ました。

- 労力が10分の1に減少

自分の得意な役割に集中することで、無駄なエネルギーを使わずに済むようになりました。その結果、圧倒的に時間にゆとりが生まれました。

- 売上が10倍以上に増加

資質を活かした働き方は自然と波動が上がるため、自然界の法則が発動し、他力が動きました。その結果、効率的に成果を上げられるようになりました。

資質を活かす時代の働き方

現代では、自分の資質に合った役割を選ぶことが、成果を上げる鍵となっています。ただ与えられた役割をこなすだけではなく、自分の強みや特性を理解し、それに合った働き方を選ぶことで、無理なく最大の成果を得られます。また、自分に適した環境や職場を見極め、主体的にキャリアを築くことも重要です。柔軟な働き方を取り入れることで、ポジティブな波動を維持し、より充実した仕事人生を実現できるでしょう。

まとめ

自分の資質を理解し、それを活かせる役割を選ぶことは、働き方を効率的にし、成果を最大化するために不可欠です。

会社員としてスキル重視の評価体系に縛られていたり、無理な働き方をしている人ほど、資質に基づく働き方の重要性を知るべきです。

自分の本質を理解し、それを活かした働き方を選ぶことで、労力を大幅に削減しながらも、真の成功を手に入れることができるでしょう。

8　ＡＩ時代に求められる「人間らしい繋がり」

ＡＩやロボット技術の発展により、私たちの生活は劇的に便利で効率的になりました。スマートスピーカーや自動運転車、ＡＩを活用したデータ分析など、日常生活や仕事の仕方が大きく変化しています。

しかし、これらの技術が進化するほど、人間同士の感情や共感による「繋がり」の重要性が再認識されています。

どれほどＡＩが進化しても、人間特有の感情や深い絆を代替することはできません。

AI時代がもたらす変化

AIやロボット技術は、単純作業や危険な業務を効率化し、人間が創造的な活動に集中できる環境を提供しています。しかし、その利便性が増す一方で、人間同士の交流が減少し、孤独感を抱える人が増加しています。

AIは計算や予測に優れていても、共感や感情のやりとりは不可能です。そのため、人間らしい関係性がかえって重要となっています。

感情と絆の不可欠性

人間同士の繋がりは、AIには再現できない感情や信頼を生み出します。たとえば、落ち込んでいる友人に寄り添う温かさや、困難を共に乗り越える絆は、人間同士だからこそ生まれるものです。

特に良好な関係は、精神的な満足感や幸福感を高める波動効果を持っています。技術が発展しても、この「心の交流」が社会を支える基盤であり続けます。

繋がりを深める方法

AI時代において、人間同士の繋がりを意識的に育むことが必要です。

・対面での交流を重視する

デジタル化が進む時代だからこそ、直接顔を合わせたコミュニケーションが重要です。言葉だけでなく表情やしぐさを共有することで、深い信頼関係が築かれます。

・共感を育む教育

幼少期から共感や思いやりを学ぶことが、人間関係の基礎をつくります。これにより、人々が繋がりの価値を理解し、温かい社会を実現できます。

・コミュニティーを形成する

地域や趣味、価値観を共有するコミュニティーをつくることで、人々は孤独感を克服し、調和の取れた社会を目指せます。

風の時代と人間関係

風の時代においては、物質的な所有よりも自由や情報、精神的な繋がりが重要視されます。共感や多様性を受け入れる人間同士の繋がりが真の豊かさをもたらし、個々の成長を促します。また、価値観を共有し合う関係は、互いの波動を高め合い、幸福感や調和をもたらします。さらに、信頼と尊重に基づいた関係性が、創造性や新しい可能性を生み出し、社会全体の進化へと繋がるでしょう。

まとめ

ＡＩやロボット技術の発展は不可逆的な流れですが、それがどれほど進化しても、人間らしい感情や絆を代替することはできません。私たちは技術の恩恵を享受しつつ、人間同士の繋がりを意識的に育む必要があります。共感や信頼、深い絆を大切にすることで、調和の取れた豊かな社会を築くことができるでしょう。

9　テクノロジーがもたらす新たな価値の創造

現代の「風の時代」では、働き方の価値観が大きく変化しています。土の時代で重視されていた「安定した職業」や「固定された働き方」は薄れ、インターネットを活用した自由で柔軟な働き方が主流となりつつあります。この変化は、私たちに従来の制約から解放される可能性を示し、新たな価値を創造する道を開いています。

インターネットが生む自由な働き方

インターネットは、働き方における時間や場所の制約を劇的に緩和しました。リモートワーク、オンラインビジネス、スキルシェアなど、多様な選択肢が広がり、自分のライフスタイルに合った働き方を選ぶことが可能になっています。また、世界中の人々と繋がり、グローバル市場で活躍するチャンスも増加しています。

さらに、オンライン講座やＳＮＳを活用した情報発信により、個人のブランド化が容易になり、自分のスキルや専門性を収益化する道が広がっています。

風の時代における「自由」の本質

働き方の自由が拡大する一方で、この自由には責任が伴います。自分自身の資質や波動を理解し、それを活かす選択をすることが重要です。他人の価値観や固定概念に縛られるのではなく、自分が心地よいと感じる道を選ぶことで、自己成長と精神的な充実が得られます。風の時代では、心の波動を高め、自然体で生きることが成功への鍵となります。

自力モードと他力モードの違い

土の時代では「努力」と「自己責任」が重視され、自力で成果を上げることが求められてきました。しかし、この考え方はしばしば無理を生じさせ、資質に合わない仕事に時間とエネルギーを費やしてしまう原因となります。

一方、風の時代では「他力モード」による働き方が重視されます。他力モードとは、自分の得意分野や好きなことに集中し、自然界の法則や他者のサポートを引き寄せる方法です。これにより、少ない労力で大きな成果を得られるようになります。

波動を高める働き方で可能性を広げる

風の時代に成功するには、自分の資質を最大限に活かすことが必要です。たとえば、コミュニケーションが得意な人は営業や接客業に適しており、計画性に優れた人は企画や管理業務で力を発揮できます。自分の波動を高めることで、自然と他力が働き、多くのサポートや機会を得られるようになります。

また、好きなことや得意なことに取り組むことで、ワクワクしながら働くことができ、結果的に成功と充実感を得ることが可能です。

まとめ

風の時代の働き方は、インターネットを活用した自由な選択肢をベースに、自分の波動を高め、資質を活かす生き方です。土の時代の「自力モード」から脱却し、「他力モード」を取り入れることで、無理のない形で成功を手に入れることができます。この新しい価値観を受け入れることで、私たちはより豊かで充実した未来を築くことができるでしょう。

第8章　運を引き寄せる「健康な身体」のつくり方

1　身体は借り物！　運をよくするために大切に扱う

私たちが生きていく上で最も身近で重要な存在である身体。しかし、身体は自分の「所有物」ではなく、一時的に借りているものだと捉えることで、その価値と扱い方が見えてきます。

この考え方を理解し、身体を大切にすることは、運氣や波動を高め、豊かな人生を築く基本となります。

身体が「借り物」である証拠

身体が借り物であることは、私たちの意思で制御できない生命活動からも明らかです。たとえば、心臓は1日10万回以上鼓動し、自律神経が呼吸や消化などを管理しています。私たちはこの働きを操作することはできず、それがいかに貴重な「借り物」であるかを物語っています。

また、身体が発する不調のサインや疲れの声を無視することは、借り物を粗末に扱う行為と同じです。

感謝の正しい順番と身体の重要性

帝王学では、感謝には正しい順番があるとされています。その中で「自分の身体」は特に優先されるべき存在です。空氣、先祖、自分、家族、他人、社会、理想の順に感謝を向けることで、生命を支えるすべてに敬意を払います。

身体を大切にしない不摂生な生活や無理な働き方は、この感謝の順番を乱す行為であり、結果として運氣や健康を損なう原因となります。

身体を環境の一部として考える

私たちの身体は、地球環境と調和して存在しています。健康的な身体は環境と調和し、高い波動を生み出しますが、無理な生活や悪習慣は環境との調和を崩し、波動を下げます。たとえば、睡眠不足やジャンクフードの摂取は、身体のエネルギーを低下させ、運氣の流れを悪化させる原因になります。身体を大切にすることは、運氣を整える最も基本的な行動です。

波動を高める身体の扱い方

波動を高めるためには、日々の生活習慣が鍵を握ります。規則正しい睡眠、栄養バランスの取れた食事、適度な運動は、身体の波動を保つ基本的な方法です。
また、身体だけでなく心の健康も重要です。心が身体の声を無視し続けると、バランスが崩れ、結果的に波動を低下させます。毎日「健康でいてくれてありがとう」と身体に感謝する習慣を持つことで、自然界との調和が生まれ、よい運氣を引き寄せます。

まとめ

身体は私たちが一時的に借りている存在であり、感謝を持って大切に扱うべきです。自律神経や心臓の働きに見られるように、身体は私たちの完全な支配下にはなく、自然の法則に基づいて動いています。

感謝の順番を守り、身体を環境の一部として大切に扱うことで、運氣を高め、より豊かで健康的な人生を築くことができます。

2　身体の声に正直に生きる

私たちは日々、身体が発するさまざまなメッセージを受け取っています。しかし、忙しさに追われ、それらを無視したり後回しにしたりすることが多いのが現実です。

痛みのような明確なサインには気づきやすいものの、疲労感や眠気、食欲といった微細なメッセージは見過ごされがちです。身体の声に正直に耳を傾けることは、健康を保ち、波動を高めるための重要なカギです。

身体が送るメッセージとは

身体は常に、心や感情と連動しながらサインを送っています。最もわかりやすい例は痛みです。切り傷や骨折といった外傷の痛みは、身体が危険を知らせる強いメッセージです。

一方で、疲労感や倦怠感、眠気や食欲といったサインは微細で、つい無視してしまいがちです。しかし、これらも身体が自分を最適な状態に保つために発している重要なメッセージです。

身体の声を無視することのリスク

身体の声を無視すると、心や感情にも悪影響を与えます。たとえば、疲れているのに無理を重ねるとイライラや不安を感じやすくなり、これがさらに身体の不調を引き起こす負のスパイラルを生むことがあります。

これらのサインを無視し続けると、身体の波動が低下し、心身ともにエネルギー不足に陥ります。

身体の声を聞く方法

身体からのメッセージを正確に受け取り、それに応じた行動を取るには、自分自身と対話することが大切です。

まず、「本当に必要なこと」と「一時的な欲望」を見極めることが重要です。たとえば甘いものが欲しいと感じたとき、それがエネルギー不足によるものか、それとも気分転換を求めているだけなのかを問いかけてみます。「本当に欲しいの？」と自問に質問してみてください。

また、疲労感を感じたときに「何が必要か」と自分に質問し、身体の声に正直に行動することで、波動を上げることができます。

身体の声を大切にする生き方

身体が発するサインを尊重し、それに応じた行動を取ることで、波動を高め、健康的な生活を送ることができます。

たとえば、疲れを感じたら短時間でも休息を取り、食欲を感じたら自然で栄養のある食品を選ぶように意識します。また、無理をしないで心身のバランスを保つことが、波動を整える鍵となります。

波動を最適化する効果

身体の声を聞き入れることで、心と身体の調和が生まれます。これにより、自分の波動が自然と高まり、運氣がよい方向に流れるようになります。さらに、自分を大切にする生き方は、周囲の人々との調和や良好な人間関係を築く手助けにもなります。

まとめ

身体が発するメッセージは、私たちが日常生活を快適に送り、波動を高めるための重要な指針です。痛みや疲労感、食欲といったサインを無視せず、自分自身と向き合い、それが欲望か必要かを見極めることで、心身の調和を保つことができます。

3　睡眠が波動に与える深い影響

私たちが健康を保ち、心身を最適な状態にするために、質の高い睡眠は欠かせません。

睡眠は単なる休息ではなく、波動を高め、エネルギーを整えるための大切な時間です。自然界の法則に従った生活リズムを意識することで、睡眠の質が向上し、波動がよりよい方向に導かれます。

陰陽の視点から見る睡眠の重要性

自然界の陰陽のバランスを保つことは、波動を高める基本です。昼は陽のエネルギーで活動し、夜は陰のエネルギーで身体を休めることで、心身の調和が取れます。太陽が沈む時間帯に合わせて穏やかな時間を過ごすことは、自然界のリズムに従った生き方です。

しかし、夜更かしや不規則な生活は、このバランスを崩し、波動を乱す原因となります。自然なリズムを守ることで、心身のエネルギーが整い、高い波動を維持できます。

科学が示す睡眠と波動の関係

睡眠中、身体と脳は重要な修復作業を行います。身体の細胞が修復されることで、免疫機能が強化され、エネルギーが回復します。脳は「デトックス作用」によって不要な物質を排出し、記憶や情報の整理を行います。

また、睡眠中に分泌される成長ホルモンやメラトニンは、心身の調整に不可欠であり、これらが波動を高める基盤となります。質の高い睡眠がストレスを軽減し、ポジティブなエネルギーを生み出す理由はここにあります。

波動を下げないための睡眠習慣

波動を整えるためには、睡眠の質を高める習慣が必要です。毎日一定の時間に寝て起きることで体内時計が整い、自然なリズムが生まれます。寝室は静かで暗く、適切な温度と湿度を保つことで、深い眠りを促します。

また、就寝前にスマートフォンやパソコンを避け、瞑想やストレッチなどのリラックスできる習慣を取り入れることが効果的です。

さらに、朝の自然光を浴びることで体内時計がリセットされ、夜の良質な睡眠につながります。

睡眠が波動を整える理由

睡眠は、心身のエネルギーを回復させるだけでなく、波動を整えるための時間でもあります。睡眠中に心身が調和を取り戻すことで、日中のストレスやネガティブな影響をリセットできます。

その結果、新しい1日をポジティブなエネルギーで迎える準備が整います。

まとめ

睡眠は、波動を高めるために欠かせない重要なプロセスです。自然界の陰陽の法則に従い、昼間は活動し、夜はしっかり休むことで、心身の調和を保つことができます。科学的にも、睡眠中の身体の修復や脳のデトックス、ホルモン調整が波動を整える効果を持つことが証明されています。

質の高い睡眠を確保するために、規則正しい生活リズムと環境を整え、心身をリセットする時間を大切にすることで、健康的で充実した日々を送ることができるでしょう。

4 運動は「運を動かす」最善の方法

運動は、身体を鍛えるためだけでなく、波動を高め、心身の調和を整える重要な行動です。その言葉通り「運動」とは、「運を動かす」ことでもあります。適度な運動を日常に取り入れることで、身体のエネルギー循環が活性化し、運氣をよい方向へと導くことが可能です。一方で、運動不足は代謝の低下やストレス増加を招き、波動を下げる原因になります。

運動不足がもたらす波動低下

現代の多忙な生活やデスクワーク中心の仕事は、運動不足を招きやすく、それが健康だけでなく波動にも悪影響を及ぼします。

- 細胞の振動数の低下

身体を動かさないと血流が滞り、細胞に十分な酸素や栄養が行き届かなくなります。これにより、細胞の振動数が低下し、波動が乱れます。

- 代謝の低下

代謝が落ちることで老廃物や毒素の排出が妨げられ、身体が重く感じられるだけでなく、エネルギーの停滞が生じます。

- ストレスホルモンの増加

運動不足はストレスホルモンであるコルチゾールの分泌を増加させ、ネガティブな感情や波動の乱れを引き起こします。

運動が波動を高める理由

適度な運動は、身体だけでなく心にもポジティブな影響を与え、波動を高めます。

- 細胞の活性化

運動をすると血流が促進され、細胞に酸素や栄養が効率的に供給されます。特に有酸素運動は、エネルギー代謝を高め、細胞の振動数を活性化します。

・ホルモンバランスの調整

運動はエンドルフィンやセロトニンなどの「幸せホルモン」を分泌させ、ポジティブな感情を生み出します。

同時に、ストレスホルモンの過剰分泌を抑える効果もあります。

・エネルギーの循環

運動は身体のエネルギーの流れを活性化させます。ヨガやストレッチのような軽い運動は筋肉を柔軟にし、エネルギーの停滞を解消します。

・デトックス効果

運動中に体温が上がり、汗をかくことで老廃物や毒素が排出され、身体が軽くなります。このプロセスは細胞環境を整え、波動をさらに高める効果があります。

科学的根拠に基づく運動の効果

運動が波動を整える背後には、次のような科学的な理由があります。

・ミトコンドリアの活性化

運動により、エネルギー生産を担うミトコンドリアの数や活性が増加します。これにより、細胞全体のエネルギー効率が高まり、振動数が向上します。

・自律神経の調整

適度な運動は交感神経と副交感神経のバランスを整え、リラックスと活力の調和をもたらします。

・脳の活性化

運動中に分泌されるBDNF（脳由来神経栄養因子）は、神経細胞を活性化させ、ポジティブな思考と心の波動を高めます。

日常に運動を取り入れる方法

運動を習慣化するためには、自分に合った方法で始めることが大切です。

・短時間からスタート

1日10分のウォーキングや軽いストレッチでも、運動を継続することが波動を高める第一歩です。

・好きな運動を選ぶ

有酸素運動や筋力トレーニング、ヨガなど、自分の体力や趣味に合った運動を選ぶと、無理なく続けられます。

- リズムを意識する

音楽を聴きながら運動をすると、自然とポジティブなエネルギーが生まれます。

まとめ

運動は、文字通り「運を動かす」行為です。適度な運動を通じて細胞の振動数が高まり、身体と心の調和が取れることで、波動が向上します。一方で、運動不足はエネルギーの停滞やストレスの増加を引き起こし、波動を低下させる原因となります。

忙しい日常の中でも、自分に合った運動を習慣化し、身体と心のエネルギーを活性化させることで、自然界の法則に調和した生き方を実現することができます。

5　食事で波動を整える！　食べるべきものとは

食事は単なる栄養補給ではなく、私たちの心身の調和を整え、波動を高める重要な行為です。

食材への感謝、身体の浄化プロセスであるオートファジー、そして食事にまつわる文化的な知恵を意識することで、食事をより意味深いものに変えることができます。ここでは、具体的な方法とその効果について解説します。

食材が持つ波動と感謝の力

食材はすべて波動を持つ命のエネルギーそのものです。野菜や果物、動物由来の食材も含め、それぞれが私たちの命をつなぐために貴重な栄養を提供してくれています。

• 命の循環に感謝する

食べる行為は、他の命をいただくことで成り立っています。そのため、「いただきます」や「ごちそうさま」という感謝の言葉を発することで、食材への敬意を払い、波動を整えることができます。感謝の心は、食事そのものを神聖な行為へと高め、食材のエネルギーを最大限に引き出します。

身体を浄化するオートファジーの力

オートファジーとは、古い細胞や壊れた成分を分解・再利用する体内の浄化プロセスであり、波動を整える重要な役割を果たします。

• 断食で波動を高める

間欠的ファスティング（16時間以上の断食と8時間以内の食事を繰り返す方法）により、オートファジーが活性化します。これにより、老廃物が排出され、細胞が活性化。身体の内側からエネルギーが整い、波動が高まります。

・免疫力の向上

オートファジーの活性化は免疫力を高め、健康的な体を保つと同時に、心の波動にもポジティブな影響を与えます。

食事と「穢れ」の関係

食材をいただく行為には、命を奪うという「穢れ」が伴います。この穢れを浄化する文化的な知恵を取り入れることが重要です。

・お箸の役割

お箸は、食材と人の間に結界をつくる道具として機能します。特に、割り箸を天地方向に割ることで、食材から発せられる「穢れ」を払うと考えられています。

・感謝の言霊

食事前の「いただきます」、食後の「ごちそうさま」という言葉は、感謝の波動を放つだけでなく、穢れを払う力も持っています。この習慣を大切にすることで、身体と心の調和が生まれます。

健康と波動を高める食事法

食事を通じて波動を整えるために、次のポイントを意識しましょう。

- 自然に近い食材を選ぶ

無農薬やオーガニック食品は波動が高く、身体によい影響を与えます。加工食品や人工添加物を避けることが、波動を整える第一歩です。

- 適量を守る

食べ過ぎは波動を乱し、身体に負担をかけます。必要なエネルギーを補給するだけの適切な量を心がけましょう。

- 食事をリチュアルに

ただ食べるのではなく、一口ごとに感謝し、味わうことで、食事を儀式のような神聖な行為に変えることができます。

まとめ

食事は栄養補給を超えた神聖な行為であり、波動を整える力を持っています。オートファジーを活用して身体を浄化し、自然な食材を選び、感謝の言葉を習慣化することで、食事がもたらすエネルギーを最大化することができます。また、文化的な知恵である「穢れを払う行為」や言霊を意識することで、食事はより深い意味を持つものとなります。

このような意識を日々の食事に取り入れることで、心身の調和が保たれ、波動の高い健康的な生活を実現することができるでしょう。

6 波動を引き上げる「奇跡の塩」

塩は人間の身体にとって不可欠な存在であり、正しく活用することで健康を支え、波動を高める鍵となります。電解質として体内で多くの役割を担う塩は、細胞の活性化やデトックス効果を通じて、心身の調和を保つ重要な要素です。

特に、天然の天日塩の選択が、塩の本来の力を活かすためには不可欠です。

塩と電気で動く身体の関係

人間の身体は微弱な電気信号によって動いており、塩はその仕組みを支える重要な役割を果たします。

・電解質としての働き

塩に含まれるナトリウムは、神経伝達や筋肉の収縮をサポートします。また、細胞内外の浸透圧を調整し、栄養素の運搬や老廃物の排出を円滑にします。

・塩不足の影響

塩が不足すると電気信号が正常に働かなくなり、疲労感や脱水症状、神経の不調を引き起こします。適切な塩分摂取は、心身の健康を支える基盤です。

塩がもたらすデトックス効果

現代社会では添加物が多く含まれる食品が一般的であり、これが体内に蓄積すると波動を乱す原因となります。塩には、この状態を改善するデトックス効果があります。

・添加物の影響と対策

保存料や着色料といった化学物質は、内臓への負担や免疫力の低下を招きます。塩はこれらの毒素を排出する働きを持ち、身体を内側から浄化します。

・塩浴の活用

天然の塩を湯に溶かして入浴する塩浴は、皮膚を通じて老廃物を排出する効果があり、身体の波動を整えます。

天然塩と精製塩の違い

波動を高めるためには、どの塩を選ぶかが重要です。

・精製塩の問題点

市販の精製塩は化学的に加工され、ナトリウム以外のミネラルがほとんど除去されています。そのため、波動を高める効果が限定的です。

・天然の天日塩の効果

海水を太陽と風の力で結晶化させた天日塩には、マグネシウムやカルシウム、カリウムなどのミネラルが豊富に含まれています。これらの成分は、細胞の活性化やエネルギー代謝を促進し、波動を引き上げる力を持っています。

塩を生活に取り入れる方法

日常生活において塩を適切に活用することで、波動を高める効果を実感できます。

・日々の食事に

精製塩ではなく、天日塩を料理に使用することで、ミネラルを自然に摂取できます。

・塩浴や塩うがい

塩を使った入浴やうがいを取り入れると、身体の内外からデトックスを促進し、心身を整える効果が得られます。

・感謝の氣持ちを込める

塩を使用する際には、自然の恩恵に感謝の氣持ちを持つことで、その効果をさらに引き出すことができます。

まとめ

塩は人間の身体の基本的な機能を支え、波動を高める力を持つ重要な存在です。特に、天日塩に含まれる豊富なミネラルは、細胞の活性化や毒素の排出を助け、波動を整える効果があります。添加物が多い現代社会では、塩を活用したデトックスが健康維持に不可欠です。高波動の天日塩を日常生活に取り入れることで、邪気を払い、心身の波動を高め、より健康的な身体を保つことができるでしょう。

7　地球外生命体ソマチッドの謎

「ソマチッド」は、生命活動の基盤を支えると考えられる微小な粒子であり、生命の創造主とも呼ばれる存在です。この粒子は、エネルギー供給や細胞修復に関与し、古代から現代まで生命体に深く関わってきました。ソマチッドの特徴やその健康への影響について詳しく見ていきます。

ソマチッドとは

ソマチッドは顕微鏡で確認できる極小の粒子で、生命体のエネルギー場を形成しています。

この粒子は、細胞の修復やエネルギー供給を担い、健康維持の重要な役割を果たします。特に古代ソマチッドは、生命の起源とされるほどの高エネルギーを持ち、現代のソマチッドとは異なる力を備えているとされています。

古代ソマチッドと現代ソマチッドの違い

古代ソマチッドは地球生命の初期から存在し、高い修復能力とエネルギー供給力を持つのが特徴です。極限環境にも適応でき、老化を遅らせる力があると考えられています。

一方、現代ソマチッドは環境汚染やストレスの影響を受け、エネルギーが低下し、再生能力が十分に発揮されていません。この違いが現代の病気や老化の進行を助長している可能性があります。

ソマチッドの元素転換能力

ソマチッドの特筆すべき能力の１つに、「元素転換能力」があります。これは、体内で不足している栄養素を他の元素からつくり出す性質を指します。

たとえば、カルシウム不足時に他の元素を転換して補うといった作用が可能だとされています。この機能により、体内環境のバランスを保ち、老廃物の排出を促し、波動の安定化にも寄与します。

健康と波動への影響

古代ソマチッドが多く存在する体内では、免疫力や細胞修復能力が向上し、老化が遅くなるとされています。さらに、これらのソマチッドが生み出す高いエネルギーは、身体全体の波動を高め、健康だけでなく心身の調和も促進します。

この結果、病気に対する抵抗力が増し、若々しさを保つことが可能になります。

古代ソマチッドを増やす方法

古代ソマチッドを活性化させるためには、次の生活習慣が効果的です。

- 自然と触れ合う

森や海など自然豊かな環境に身を置くことで、ソマチッドを取り込むことができます。

・健康的な食生活

添加物を避け、オーガニック食品や未加工の自然食品を摂取することで、ソマチッドの活性化を促進します。

・ストレス管理

ストレスを軽減し、心身をリラックスさせる習慣を取り入れることで、ソマチッドが本来の力を発揮しやすくなります。

まとめ

ソマチッドは生命活動の根幹を支える存在であり、特に古代ソマチッドは高いエネルギーと修復能力を持っています。

現代の生活環境はその力を弱めていますが、自然との触れ合いや健康的な生活習慣を通じて古代ソマチッドを活性化させることが可能です。ソマチッドの元素転換能力や波動の調整力を意識することで、健康を保ち、心身ともに調和の取れた豊かな生活を実現できるでしょう。さらに、食生活の改善、意識的なライフスタイルの選択が、ソマチッドの力を引き出し、生命エネルギーの向上に寄与すると考えられます。

8　自然と触れ合うことで得られる恩恵

都市化とデジタル環境に囲まれた現代では、自然との接点が減少しがちです。しかし、山や海、川といった自然環境は、心身の健康や波動の調整に欠かせない役割を果たします。

自然がもたらす恩恵を理解し、それを生活に取り入れることで、より豊かで調和の取れた人生を送ることが可能になります。

自然がもたらす健康面の効果

自然環境は、科学的にも身体と心の健康を支えることが示されています。

・ストレス軽減

自然の中にいると、ストレスホルモンであるコルチゾールの分泌が抑えられ、副交感神経が優位になり、心拍数が安定します。森林浴や海辺での散歩は特に効果的です。

・免疫力向上

森林が放出するフィトンチッドという物質は、ＮＫ細胞（免疫細胞）の活性を高め、病気への抵抗力を向上させます。

・精神的安定

川のせせらぎや波の音などの自然音は、脳波をアルファ波へ導き、リラックスと精神安定をもたらします。

・運動効果の向上

自然の中での運動は屋内運動以上に身体機能を高め、リフレッシュ効果も得られます。

ソマチッドと自然環境のつながり

ソマチッドは生命活動を支える微小な粒子であり、自然環境でその恩恵を最大化できます。

・自然界に存在するソマチッド

山の湧き水や清流、海辺には、水素を栄養源とするソマチッドが豊富に存在します。これらのソマチッドが体内に取り込まれると、細胞の修復能力や代謝が高まり、健康維持に役立ちます。

・デトックス効果

自然から得られる新鮮な空気や水分は、体内の老廃物を排出し、ソマチッドの働きを促進します。これにより、身体の波動が整い、エネルギーバランスが最適化されます。

自然界の波動と人体への影響

自然界が持つ波動は、人間の波動に直接的な影響を与えます。

・シューマン共振

地球の自然な周波数であるシューマン共振（7.83Hz）は、人間の脳波（アルファ波やシータ波）と一致します。自然環境に身を置くことで、この周波数に共鳴し、脳と身体のバランスが整います。

・波動の共鳴

自然の波動は人間の波動を調整する力を持ち、自然界に触れることで細胞の振動数が安定し、波動が高まると言われています。これにより、心身の調和が生まれます。

自然の力を活用する方法

自然の恩恵を最大限に受け取るためには、意識的に自然と触れ合うことが重要です。

・定期的な自然体験

山や海、森などの自然豊かな場所を定期的に訪れることで、ストレス解消やエネルギーのリチャージが期待できます。

・自然音の活用

自然に行けない場合でも、自然音の音源を取り入れることで波動を整える効果が得られます。

・自然食品の摂取

無農薬やオーガニック食品を食生活に取り入れることで、体内の波動を高めるエネルギーを摂取できます。

まとめ

自然と触れ合うことは、ストレスの軽減や免疫力の向上といった健康面のメリットをもたらすだけでなく、ソマチッドを活性化し、身体の波動を高める効果があります。シューマン共振や波動共鳴といった科学的根拠も、人間と自然の深い結びつきを証明しています。

日常生活において、森林浴やアーシング、良質な水や食事を取り入れるなど、自然との接触を意識的に増やすことでより一層エネルギーバランスが整い、生命力の向上につながり、心身の調和のとれた健康的な人生を築くことができるでしょう。

9　身体の波動を上げれば人生は好転する

人間が豊かさや幸せを手に入れる近道は、外部の環境や物質的な成功に頼ることではありません。本当に重要なのは、「自分自身」、特に「身体」の波動を整えることです。身体の波動が整えば、自然界の法則が働き、人生そのものがポジティブな方向へと好転します。

感情と身体の深い結びつき

身体の状態は、感情や波動に直接影響を与えます。

・身体が感情に与える影響

健康でエネルギーに満ちた身体は、自然とポジティブな感情を引き出します。一方、身体が疲れていたり不調だと、感情はネガティブに傾きやすくなります。このため、感情を安定させるためには、まず身体の波動を整えることが必要です。

・身体に意識を向ける

身体が発する微細なサインに耳を傾けることで、自分の波動を高める手がかりを得られます。たとえば、睡眠、食事、運動の質を向上させることは、身体の波動を整える基本的なステップです。

身体の波動を整えることで現実が変わる仕組み

自然界には「出したらくる」という法則があり、身体の波動が整うと、この法則がより強力に作用します。

・波動が引き寄せる現実

身体が高い波動を放つと、その波動に共鳴するポジティブな出来事や人間関係が自然と引き寄せられます。これは「共鳴の法則」に基づくもので、身体の状態が現実を形づくる重要な要素です。

・細胞が放つ波動

身体の細胞は1つひとつが振動を持ち、それが集合して全体の波動を形成します。細胞が活発に働くことで波動が高まり、ポジティブなエネルギーを放つ身体になります。このエネルギーは自分だけでなく、周囲にも影響を与えます。

身体の波動を高める具体的な方法

身体の波動を高めるためには、次のような具体的なアプローチが効果的です。

・自然食品の摂取
　無農薬や有機食品を選び、添加物を避けることで、身体の波動を乱さずに必要なエネルギーを補給できます。特に、旬の野菜や果物は高い波動を持っています。
・運動でエネルギーを循環
　ウォーキングやヨガなど、心身をリフレッシュさせる運動を取り入れることで、細胞に酸素や栄養を届け、波動を高めることができます。
・質の高い睡眠
　睡眠中は身体が修復と再生を行う時間です。就寝前にリラックスした時間を持つことで、より深い眠りが得られます。
・感謝の習慣
　身体や日常生活に感謝することで、高い波動が生まれます。感謝の氣持ちは、ポジティブな現実を引き寄せる大きな力となります。

高波動がもたらす恩恵

　身体の波動が整うと、さまざまなポジティブな変化が現れます。
・調和の取れた人間関係

高い波動は、同じように波動の高い人々を引き寄せます。その結果、ストレスの少ない、調和の取れた人間関係が築かれます。

- 健康の向上

免疫力が高まり、病気への抵抗力が強くなります。また、ストレスが軽減されるため、心身ともに健康的な状態が維持されます。

- 現実の好転

身体が高い波動を放つと、自然界の法則が働き、仕事や生活全般においてポジティブな変化が次々と起こります。

まとめ

人生をより豊かで幸せなものにするための鍵は、自分の身体に意識を向け、その波動を高めることです。適切な食事や運動、睡眠といった基本的なケアを通じて、身体の波動を整えれば、感情が安定し、自然界の法則に従って現実が好転していきます。

また、身体を整えることで、ポジティブな思考や感謝の氣持ちも湧き、より高い波動を放ち、人生全体が調和と幸福に満ちたものへと変わっていくでしょう。豊かな人間関係や健康、成功を自然と引き寄せられる生活を実現しましょう。

第9章　再現率100%!
現実を劇的に変える波動コントロール奥義

人類の歴史を遡ると、原始時代の私たちの祖先は捕食される側として、厳しい自然界の中で生き延びる術を模索していました。現代のように食物連鎖の頂点に立つまでには、長い進化の過程があり、その間「生き残るためにはどうするべきか」という問いに応え続けてきたのです。

その鍵となったのが、「強くなる」こと、もしくは「強いものの側にいる」ことでした。この生存戦略は進化の過程でＤＮＡに刻まれ、現代の私たちにも受け継がれています。つまり、人類には本能的に「波動の高いものに引き寄せられる性質」が備わっているのです。

本章では、「現代波動学」の教えを実践することで人生が起動し、現実を劇的に好転させた人々の実例を紹介するとともに、波動を上げるための正しい方法（奥義）の一部を伝授します。この知識を疑うことなく愚直に実践し習慣化することで、より速く、より確実に、好ましい現実を具現化することができるのです。

1　瞬時に波動を爆発的に高める秘技「ジャンピングジャック」

「ジャンピングジャック」は、手軽に実践でき、波動を瞬時に高める運動です。この方法は、

〔図表５　ジャンピングジャック〕

【ジャンピングジャックのやり方】

特にトップアスリートの間で知られる波動アップ法であり、重要な局面でのパフォーマンス向上に大きな効果を発揮します。

私は日本代表クラスの選手たちに、インタビュー番組を通じて、「一流と二流を分けるものは何ですか？」と尋ねると、多くの選手が「波動の差」と答えます。

このジャンピングジャックをたった20回行うだけで、細胞から波動が一氣に高まり、驚くべき成果を生み出した事例を以下にご紹介します。

①Aさん（サッカー選手）の逆転劇

強豪大学のサッカー部に所属していたAさんは、試合に出場できずベンチを温める日々が続いていました。そんな中、「波動を上げることが鍵だ」というアドバイスを受け、試合前にジャンピングジャックを取り入れるようになりました。

その結果、体全体にエネルギーが満ち、心の緊張も和らぐのを感じたAさん。次の試合でスタメンに抜擢されると、見事にハットトリックを達成！　試合後には、「ジャンピングジャックが自分を変えた」と笑顔で語ってくれました。

②Bさん（営業部長）の商談成功

中小企業の営業部長であるBさんは、会社の未来を左右する重要な商談を控えていました。緊張で手汗が止まらず不安に陥った彼は、商談前に控え室でジャンピングジャックを20回実施。これにより身体の緊張がほぐれ、心に自信が湧いてきました。

結果、商談は驚くほどスムーズに進み、先方から契約の意思が示されました。Bさんはその後、「重要な局面では必ずジャンピングジャックを行う」と実践を継続しています。

③Cさん（SNSクリエイター）の飛躍

SNSでの発信を続けていたCさんは、フォロワーが伸び悩み自信を失っていました。「波動を整えることで投稿のエネルギーが変わる」とすすめられ、投稿前にジャンピングジャックを試したところ、身体が軽くなり自信が湧いてきたといいます。

その動画はわずか１日で再生回数１００万回を突破し、フォロワー数も爆発的に増加。Cさんは、「自分の波動が変われば現実も変わる」と感動を語っています。

ジャンピングジャックの健康効果

ジャンピングジャックは波動を高めるだけでなく、身体にも多くのメリットをもたらします。腸内環境を整え、善玉菌を活性化することで便秘を改善し、デトックス効果を発揮します。

また、血流促進による美肌効果やアンチエイジング作用も期待でき、「内面から輝く健康」を実現する理想的な運動です。

まとめ

ジャンピングジャックは、簡単かつ即効性のある波動アップ法です。日常生活の中で手軽に取り入れることができ、身体と心に大きな変化をもたらします。

重要な局面や活力が必要な場面で試してみてください。たった20回の運動が、人生を劇的に変える第一歩になるかもしれません。

毎日の習慣に取り入れることで、より充実した生活を手に入れましょう。

2　不快な感情を一瞬で快に変える技「認める発話」

日常生活の中で、不快な感情を抱える瞬間は誰にでも訪れます。この感情は単なる不愉快な体験ではなく、神様（宇宙）からの「生き方を見直しなさい」というメッセージです。しかし、多くの人はそのサインに氣づかず、不快な感情を無視し続けてしまいます。その結果、さらに大きな不快な出来事が訪れることに。

「認める発話」というシンプルな方法を用いれば、不快な感情を瞬時に和らげ、人生を好転させるきっかけをつくることができます。ここでは、その実践例と効果について詳しく解説します。

不快な感情の役割

不快な感情は、神様（宇宙）からの重要なサインです。それは「あなたの生き方や在り方を見直しなさい」というメッセージとして私たちに届けられています。

たとえば、仕事でのストレスや人間関係の摩擦を無視し続けると、神様は「この人はまだ氣づいていない」と判断し、更に強いメッセージとして、より大きな不快を送り込んでくるのです。

不快を無視し続けるとどうなるか？

最初に訪れる不快感は軽いもの（不機嫌や疲労感）です。しかし、これを無視していると、次第にストレス性の病気や深刻な人間関係のトラブルなど、問題が大きくなります。それでも氣づかない場合、最終的には重い病気や事故といった形で、強制的に生き方を見直さざるを得ない状況が引き起こされることがあります。このプロセスは、不快な感情が私たちにとって「氣づき」のきっかけであることを示しています。

大切な相手との不快感に向き合う

不快な感情に対処する際の大切なポイントは、「その感情が誰から来ているのか」を見極めることです。「自分にとって重要でない相手」からの不快は、必要以上にエネルギーを割くべきではありません。むしろ、回避してください。しかし、家族や親友、同僚など「自分が大切にしたい相手」からの不快は、避けてはならないサインです。むしろ、しっかりと向き合うべき現象です。このように、不快な感情は、あなたの使命や生き方、在り方を見直すための貴重なきっかけとして捉え、真摯に向き合うべきです。

認める発話の方法

「認める発話」は、不快な感情を受け入れ、軽く言葉にするだけで波動を変える技です。具体的には、「嫌だなって思っている自分もいるよね〜」と声に出して認めるだけ。

この発話は、量子力学的には不快の「観測」であり、不快を「認める」ことで感情の波動を一瞬で「受容350」に引き上げることができます。すると、これ以上の不快な出来事を引き寄せなくなります。

認める発話を活用した成功例

- Aさん（職場での人間関係）

Aさんは苦手な同僚に悩んでいました。そこで、「あの人が苦手だと思っている自分もいるよね〜」と発話を実践。その結果、3週間後にその同僚が異動し、職場の雰囲気が格段によくなりました。Aさんは「嫌だと思う感情を言葉にするだけで心が楽になった」と語ります。

- Bさん（仕事環境の改善）

残業続きで疲弊していたBさんは、「残業が嫌だと思っている自分もいるよね～」と発話を習慣化。すると1か月後、会社が残業禁止を導入。さらに仕事の分担も改善され、Bさんは「認める発話が仕事環境を劇的に変えた」と実感しました。

・Cさん（人間関係の整理）

Cさんは氣乗りしないコミュニティー活動に参加していました。「行きたくないと思う自分もいるよね～」と発話を繰り返すと、数日後、代表者から突然契約終了を告げられ、強制的にに参加する必要がなくなりました。Cさんは「発話をしたことで、自然と自分に合った流れがやってきた」と言います。

認める発話がもたらす科学的効果

発話によって感情を受け入れると、脳はセロトニンを分泌し、ストレスを軽減します。また、発話により波動が整い、自然界の法則「出したらくる」によってポジティブな現実を引き寄せることが可能になります。

まとめ

不快な感情は、神様（宇宙）からの「生き方を見直しなさい」というサインです。この感情を無視せず、「認める発話」を活用して受け入れることで、心が軽くなり、波動が整います。

「嫌だなと思っている自分もいるよね〜」と口に出すだけで、不快な感情を和らげ、ポジティブな変化を引き寄せることができるのです。このシンプルな技を日常に取り入れ、人生をよりよい方向へ導いてみてはいかがでしょうか?

3 生き方を整える奥義「心言行の一致」

私たちの「心」「言葉」「行動」は密接に関連しており、その調和がとれている状態を「心言行の一致」と呼びます。これは武士道の教えにも見られる重要な原則であり、人間が最も自然で波動の高い生き方を実現するための基盤です。

心と言葉、行動が一致している状態は、自己と自我の差がない状態、つまり、「悟り1000」の最高波動です。自然界の法則が強く働き、大きく現実が好転します。

一方で、心と言葉、行動が不一致な状態は「不自然」な状態であり、これが続くと内面に不調和が生じ、波動が下がり、人生にさまざまな問題を引き寄せることになります。

心言行の一致がもたらす現実の変化

・嘘をやめたAさんの転機

Aさんは、仕事やプライベートで自分の本心を隠し、人間関係を取り繕う日々を過ごしていました。その結果、周囲から信頼を失い、トラブルが絶えませんでした。しかし、「心言行の一致」を意識して本音を大切にしたところ、状況が一変。無理な付き合いをやめたことで信頼できる人々が周囲に集まり、健全な人間関係を築くことができました。

・親子関係を再生したBさん

Bさんは、母親に本音を伝えられないまま育ち、成人しても過干渉な関係に苦しんでいました。意を決して「もっと応援してほしい」と母親に正直な氣持ちを伝えたところ、母親からの過干渉がなくなり、「信じている」という温かい言葉を受けるように。親子関係が大きく改善し、心の重荷が軽くなりました。

・本音で進路を選んだCさん

Cさんは起業したものの、本心では「好きではない」仕事を続けた結果、うまくいかず苦しんでいました。そこで、「本当にやりたいこと」を考え直し、ワクワクに従い行動したところ、新たな仕事のチャンスが次々と舞い込み、事業は軌道に乗りました。いまでは自分らしい働き方を実現し、充実感に満ちた毎日を送っています。

心言行の一致が波動を高める理由

・調和が生む高波動

心と言葉、行動が一致すると、内面の調和がとれ、波動が自然と高まります。この高波動がポジティブな現実を引き寄せる力となります。

・自己肯定感の向上

本心に従った生き方は、自分への信頼感を育みます。「自分はこれでいい」という肯定感が高まることで、幸福感や充実感を感じやすくなります。

・自然界の法則に一致する

「心言行の一致」は、自然界の調和に従った生き方そのものです。この法則に沿った生き方をすることで、成功や幸福が自然に引き寄せられます。

まとめ

「心言行の一致」とは、自分自身と調和する生き方です。本音を大切にし、言葉と行動を一致させることで、波動が高まり、現実が好転します。Aさん、Bさん、Cさんの事例が示すように、調和の取れた生き方は人間関係や仕事、人生そのものによい変化をもたらします。まずは、自分の本心を見つめ直し、心・言葉・行動を一致させる習慣を取り入れることから始めてみましょう。

4　直接触れずに人を動かす術「音消しの術」

日本の伝統文化には、物を大切に扱い、音を立てないという所作が深く根付いています。茶道や華道で重んじられるこの教えは、単なる作法ではなく、物への敬意を表すと同時に、空間全体の波動を整え、周囲にポジティブな影響を与える奥義「音消しの術」として機能します。この概念は、西洋のテーブルマナーの教えに共通するものがあります。本稿では、この術が持つ力と驚くべき効果を、実践例を交えて解説します。

音を立てない所作がもたらす波動の力

物を大切にするとは、「音を立てない」ということであり、空間全体の波動を整える行為でもあります。たとえば、グラスを静かに置き、扉をそっと閉めるといった動作は、調和と感謝の波動を生み出します。

日本語で「者」と「物」が同一の読み方をするように、人間と物は切り離せない関係にあります。これは、スピリチュアルでは「ワンネス」、科学では「単一電子宇宙仮説」など、あらゆる学問に共通する概念です。物を静かに扱うことで、周囲によい影響を与え、人間関係が自然に好転します。

音消しの術を実践した成功事例

・Aさん：家事を手伝わなかった夫の変化

結婚20年のAさんは、家事を一切手伝わない夫に悩んでいました。そこで、夫を想いながら物を丁寧に扱い、音を立てない所作を続けたところ、わずか2日後、夫が突然自発的に食器を洗い始めました。

「何も言わず、ただ静かに行動するだけで、こんなに変わるとは思いませんでした」とAさんは驚きを語っています。

・Bさん：パワハラ気質の上司が変わった

職場で上司のパワハラに苦しんでいたBさん。試しに上司を想いながら、デスク周りの物音を立てないよう注意して過ごしたところ、翌日の会議で上司が別人のように穏やかな態度を見せ始めました。

「音消しの術が上司の氣持ちに影響を与えるなんて、本当に驚きました」と語っています。

・Cさん：自立し始めた息子

宿題も片づけも嫌がる息子に悩んでいたCさん。息子を想いながら物を丁寧に扱い、音を立てない生活を心がけました。すると、数週間後には息子が自発的に宿題を始めるようになり、部屋の片づけやお風呂の準備までするように。

「音消しが親子関係を変えました」と感謝しています。

音消しの術がもたらす効果

・波動の調和と感謝

物を大切に扱う所作は、空間と人間関係を調和させ、感謝の波動を生み出します。これが周囲の人々の無意識に働きかけ、よい変化を引き起こします。

・直接言葉にしなくても人を動かす力

音消しの術は、直接相手に働きかけずとも、波動を通じて環境や人間関係を改善する不思議な力を持っています。

まとめ

音消しの術は、物を丁寧に扱い、音を立てないことで波動を整え、周囲によい変化を生む日本伝統の奥義です。Aさん、Bさん、Cさんの成功事例が示すように、直接的な働きかけをせずとも、人間関係や環境にポジティブな影響を与えることが可能です。

今日から、音消しの術を取り入れ、物に感謝しながら静かに扱う所作を心がけてみてください。その静かな行動が、大きな奇跡を生む第一歩となるでしょう。

5　自律神経を整え自然と融合する一撃「仙骨立て」

「仙骨を立てる」という行為は、単なる姿勢改善を超えた、心身を整え波動を高める奥義です。仙骨は自律神経の働きと深く結びついており、そのバランスを整えることで、健康だけでなく調和した人生を引き寄せる力を持っています。

本稿では、仙骨と自律神経の関係、波動を高める理由、具体的な方法、そして成功事例をご紹介します。

仙骨と自律神経の深い関わり

仙骨は、背骨の最下部に位置する三角形の骨で、骨盤の中心にあり、自律神経と密接に関わっています。

・自律神経の要所

仙骨周辺には副交感神経が集中しており、これらが内臓の機能や血流、消化、ホルモン分泌をコントロールしています。仙骨が歪むと神経が圧迫され、不眠やストレス、消化不良といった不調を引き起こすことがあります。

・仙骨を整える効果

仙骨を正しい位置に整えると神経の圧迫が解消し、自律神経がスムーズに働くようになります。特に副交感神経が優位になることでリラックスが促進され、心身が調和した状態に整います。

仙骨を立てると波動が上がる理由

波動は私たちのエネルギー状態を反映しています。仙骨を立てることは、波動を高める直接的な方法といえます。

・姿勢とエネルギーの流れ

仙骨が整うと背骨全体が安定し、エネルギーの流れがスムーズになります。この調和が波動を高め、自然界のリズムと同調します。

・心身の調和

仙骨を立てることでストレスや緊張が和らぎ、自然と波動が高まります。この状態では、ポジティブな現実を引き寄せる力が強まります。

仙骨を立てる具体的な方法

仙骨を立てる方法は簡単で、誰でも実践可能です。

①準備

リラックスした状態で立ちます。

②動作

両手を背中側に回し、人差し指を仙骨に当てます。その人差し指で仙骨を上下に優しく30回擦ります。

③注意点

動作は強く押しすぎないよう、優しく行うことがポイントです。

成功事例

・Aさん：腰痛と肩こりが改善

〔図表６　仙骨の部位〕

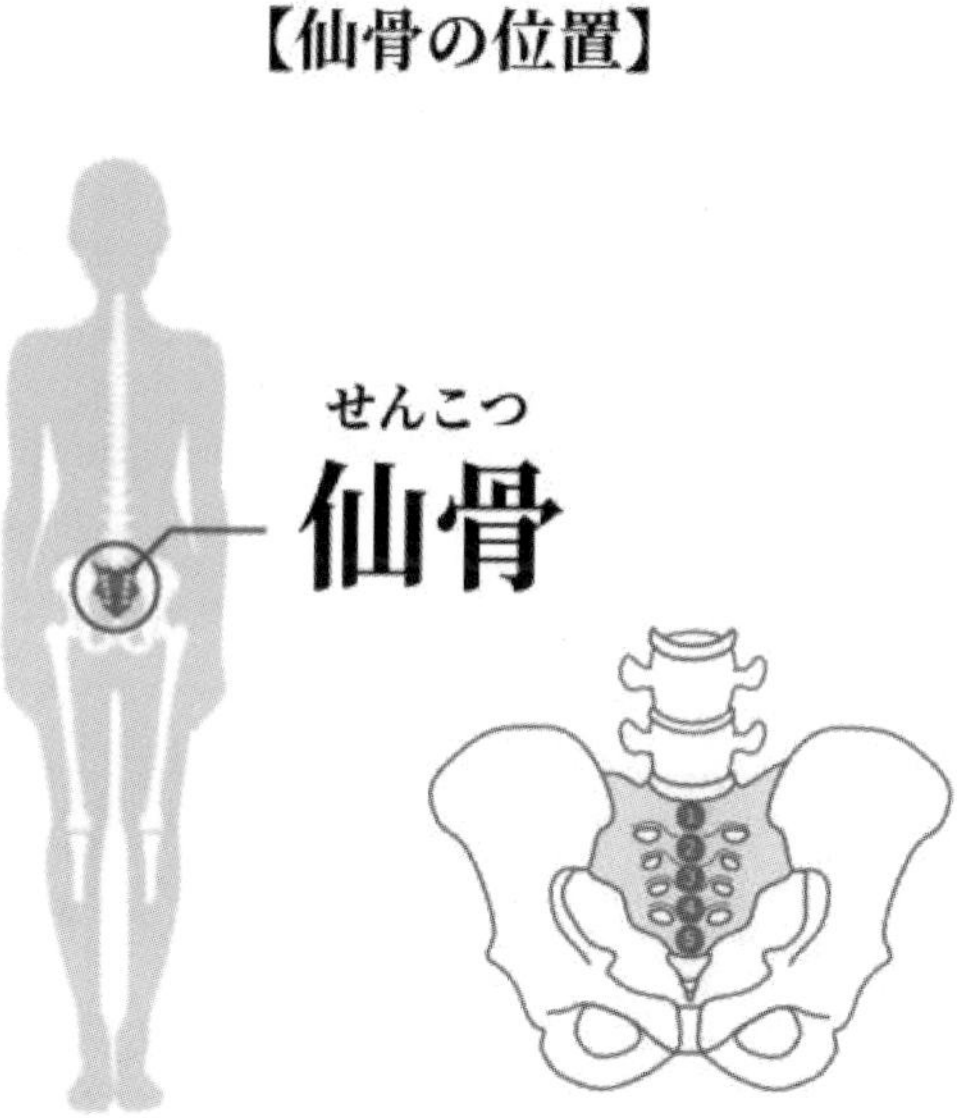

長年腰痛と肩こりに苦しんでいたAさんは、仙骨立てを試したところ、１週間で症状が劇的に改善。「体が軽くなり、動きやすくなった」と喜びを語っています。

・Bさん：不眠症が解消

不眠症に悩んでいたBさんは、仙骨立てを試したその夜、驚くほど深い眠りに落ちました。翌朝の目覚めも爽快で、「何年ぶりかわからないほど良質な睡眠を得られた」と話しています。

・Cさん：マラソンの自己ベスト更新

２年以上タイムが伸び悩んでいたマラソン選手のCさんは、仙骨を整えることで体幹が安定し、次の大会で自己ベストを14秒更新。「走るのが楽になり、無駄な力が抜けた」と手応えを感じています。

まとめ

「仙骨立て」は、自律神経を整え、波動を高めるシンプルかつ効果的な方法です。わずかな時間で実践可能なこの習慣を取り入れることで、健康やパフォーマンス、そして日々の幸福感を飛躍的に向上させることができます。

6　驚くほど良縁に恵まれる「超断捨離術」

「断捨離」は人間関係や心の整理法として広く知られていますが、断捨離で最も重要なのは「物」であり、その本質は「邪氣」を取り除くことにあります。「物」にはつくり手や贈り主、過去の所有者の想いが宿り、これが年月を経て「邪氣」となり、空間に負の波動をもたらします。真の断捨離を実践することで、波動を整え、驚くほど良縁に恵まれる人生が始まるのです。

物の断捨離と波動の関係

物は単なる物体ではなく、感情やエネルギーを帯びています。特に、長期間放置された不用品や思い出の品は、邪氣を宿す温床となり、空間全体の波動を下げます。また、掃除も断捨離の一環です。ホコリや汚れは空間に負のエネルギーを蓄積させるため、こまめな掃除が波動を整える鍵となります。たとえば、お寺では僧侶が毎朝の掃除を通して空間を清めます。これに倣い、私たちも物の整理や掃除を行うことで、自分の生活空間を浄化し、良縁を引き寄せる土台をつくることができます。

超断捨離術の実践方法

①掃除で邪氣を払う

天然の天日塩を使い、物や床を拭くことで、浄化効果を高めます。

②物を整理する

「使わない」「見るだけで氣が重くなる」物を選び出し、感謝の氣持ちを込めて手放します。

③感謝の波動を送る

不要な物を処分する際、「いままでありがとう」と一言伝えます。この感謝が波動を穏やかに整え、手放すプロセスをスムーズにします。

成功事例

・Aさん：新しい恋愛を引き寄せる

離婚後も元夫の私物を残していたAさんは、思い切ってクローゼットを整理。すると1週間後、新しい男性との出会いが訪れ、短期間で再婚。「元夫の物を手放したら、素敵なご縁が舞い込んできました」と語ります。

・Bさん：新たな仕事のチャンスを得る

やりたいことが見つからず悩んでいたBさんは、断捨離を実施。不要な物を整理して空間を整えた翌週、憧れの先輩から起業の誘いを受けました。「心に余裕が生まれ、タイミングよくチャンスが舞い込んだ」と感動を語っています。

・Cさん：思わぬプレゼントを受け取る

年末に家中を掃除し、天日塩で床を拭いたCさんは、年始に両親から突然新車をプレゼントされました。「徹底した掃除が、思わぬ良縁を引き寄せました」と喜びを表しています。

邪氣を手放し、良縁を引き寄せる

邪氣を帯びた物に囲まれている生活は、鳥が10kgの足枷を付けて飛ぼうとするようなものです。この足枷を断捨離で手放し、空間と波動を整えることで、鳥が自由に大空を羽ばたくように軽やかな状態となり、良縁や成功が引き寄せられるのです。

また、物を処分する際は必ず「いままでありがとう」と感謝を送りましょう。この一言が、物の波動を整え、あなた自身の波動も引き上げます。ぜひ、「超断捨離術」を取り入れ、素晴らしいご縁と飛躍的な人生を実現してみませんか？

7　やる氣を引き出す「スイッチ発話」を習得しよう

「やる氣が出ない」「体が動かない」、そんな状態に陥ることは誰にでもあります。特に現代人は情報過多の影響で脳が疲れ果て、やる氣が湧きづらい状況に直面しがちです。そんなときに有効な「やる氣スイッチ」を押す魔法の発話、それが「考えるのやーめた」です。本稿では、この発話が持つ脳科学的効果と、実際に人生を変えた成功事例をご紹介します。

脳の構造とやる氣スイッチ

私たちの脳には、大きく３つの重要な部分があります。

①大脳新皮質

高度な思考や判断を担いますが、現代社会の膨大な情報処理によって疲労が溜まりやすい部位です。

②大脳皮質（側坐核を含む）

〔図表７　脳の３つの部位〕

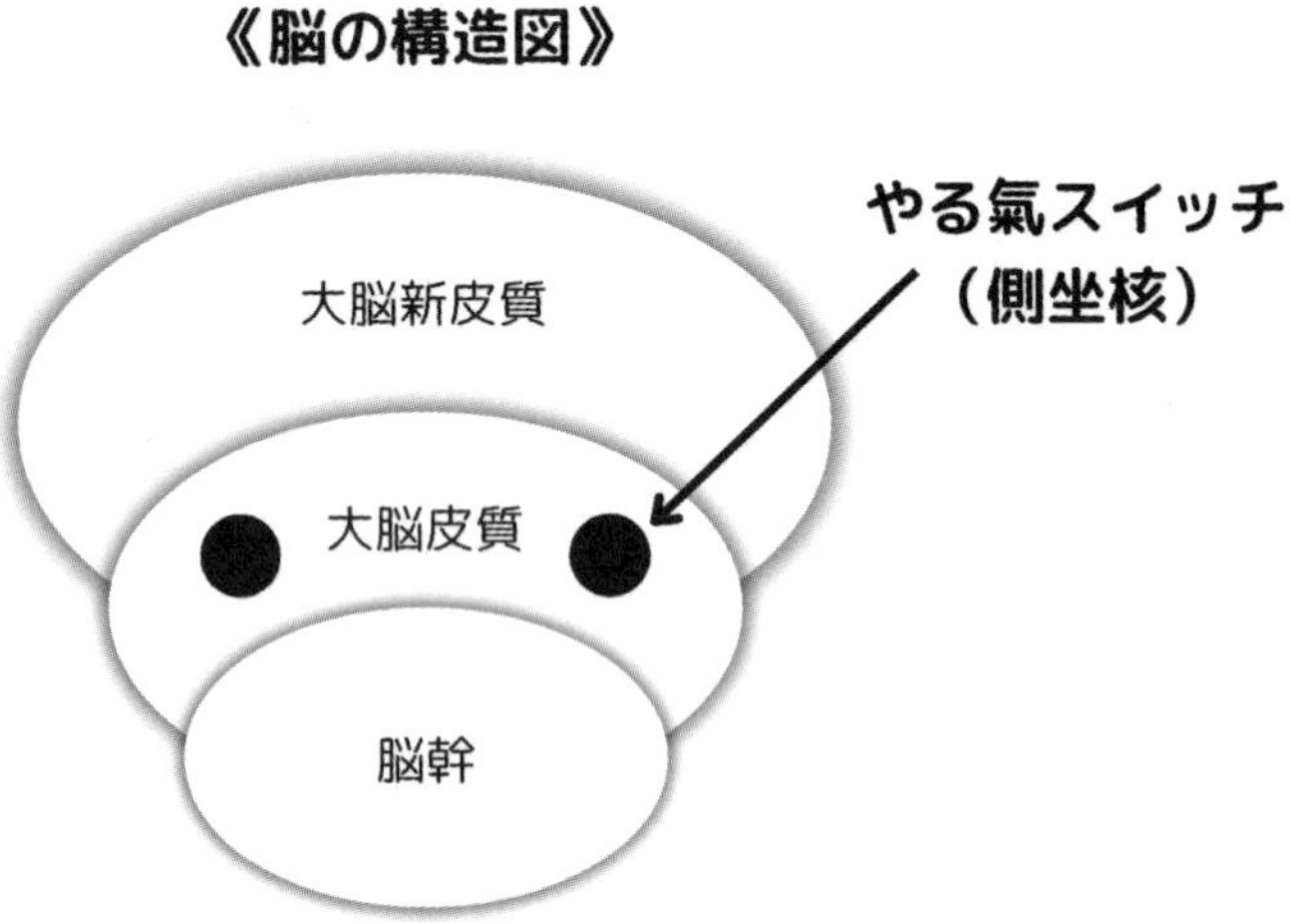

「やる氣スイッチ」と呼ばれる側坐核があり、これが刺激されるとモチベーションが高まり行動力が向上します。

③脳幹

生命維持活動を司り、自律神経をコントロールします。

現代人の大脳新皮質はスマホやＳＮＳ、仕事のストレスで酷使され、側坐核が圧迫されてやる氣を失いやすい状態にあります。そこで「考えるのやーめた」という発話が、大脳新皮質を休め、側坐核を活性化させる役割を果たすのです。

やる氣スイッチを押す発話：「考えるのやーめた」

「考えるのやーめた」は単なる自己暗示では

なく、脳科学的に効果が裏付けられた方法です。この発話を声に出すことで、大脳新皮質が一時的に休止し、脳がリセットされます。その結果、側坐核が刺激され、自然とやる氣や集中力が復活します。

成功事例

•Aさん：資料作成で集中力を回復
　翌日の会議資料をつくる必要があったAさんは、やる氣が出ずに困っていました。試しに「考えるのやーめた」と発話し、とりあえず机に座ると、不思議と気分が切り替わり、集中力が湧いてきました。その結果、短時間で資料を完成。「氣づけば夢中で作業していました」と語ります。

•Bさん：家事が軽やかに進行
　家事と育児に追われる主婦のBさんは、洗濯物を見るたびに氣が重くなっていました。ある夜、「考えるのやーめた」と発話してから手を動かしてみると、気がつけばすべての洗濯物を畳み終えていました。「発話ひとつで心が軽くなり、家事のストレスが激減しました」と感動を語っています。

•Cさん：営業電話がスムーズに進行

営業職のCさんは、30件以上のアポイント電話をかける日、手が止まりがちでした。そこで、受話器を手にして「考えるのやーめた」と発話。その後はスムーズに電話をかけ続け、結果として10件以上のアポイントを獲得。「ストレスがなくなり、仕事の効率が劇的に向上しました」と話します。

発話の脳科学的メカニズム

「考えるのやーめた」は脳に直接作用します。発話によって大脳新皮質が一時的に休み、脳全体がリセットされることで、側坐核が活性化。これにより、やる氣やモチベーションが湧き上がり、自然と行動に移れるようになります。

まとめ

「考えるのやーめた」という発話は、簡単ながら脳を活性化し、行動力を取り戻す強力な手段です。この方法は、仕事、家事、育児、あらゆる場面で応用可能です。やる氣が出ないときは、ぜひこの発話を試し、やる氣スイッチを押してみてください。

さらに、余計な思考を手放すことでストレスが軽減され、直感力や創造力が高まり、あなたの日常が驚くほどスムーズに進むきっかけとなるでしょう。

8　毎日幸運を呼び込む「ラッキー発話」

「ラッキーな出来事も困難も、すべては自分が創り出した現実」。この考えを受け入れると、人生のあらゆる出来事が感謝に満ちたものとなり、日常が変わり始めます。

ここでは、感謝の魔法の発話「ありがたいな～」と「おかげさまです」について、脳科学や波動学の視点からその効果を解説し、実際に成果を得た成功事例をご紹介します。

自力モードから他力モードへ切り替える力

困難に直面すると、多くの人は「自力モード」に陥ります。自分1人で解決できないから困難に陥っているのに、それでも自分1人で問題を解決しようともがく。これでは、結果的にストレスや反発を引き寄せてしまいます。

一方、現代波動学では「他力モード」の活用を推奨しています。他力モードとは、「すべての出来事はよりよくなるために起こる」という自然界の法則を信じ、感謝と受容の氣持ちで波動を整えることです。このモードに切り替えることで、人生にポジティブな流れが生まれます。

感謝を生む魔法の発話

日常には大小さまざまな出来事があります。たとえば、「カバンを盗まれたけれど、体は無事だった」という体験は、不幸中の幸いと言うべき「ありがたい」出来事です。一方、「美味しいお寿司を食べた」という出来事も、漁師や板前、自然の恵みなど多くの存在に支えられた、言わば「おかげさま」です。

しかし、これらの日常の出来事のすべてに感謝の言葉を伝えることは困難です。

そこで、あらゆる感謝を一言に集約した2つの言語、「ありがたいな〜」と「おかげさまです」を活用しましょう。これを口にするだけで感謝の波動が生まれ、幸運を引き寄せる力が働きます。

成功事例

- Aさん：ライバルが味方に変わった

　職場でライバルと競い合い、対立関係に苦しんでいたAさん。毎日「おかげさまです」を発話し続けたところ、ライバルとの関係が変化。互いに協力し合うようになり、以前の3倍の成果を達成しました。「感謝の氣持ちが人間関係を大きく変えた」と語っています。

- Bさん：自由な時間を手に入れた

亭主関白な夫との生活に不満を抱えていた専業主婦のＢさん。「ありがたいな〜」を日々唱える習慣を始めたところ、夫が昇進し、収入が増加。その結果、単身赴任が決まり、義母が子育てを手伝うように。Ｂさんは趣味や友人との時間を楽しめる生活を手にしました。

• Ｃさん：子どもの不登校が解消

不登校の子どもを抱えるＣさんは、毎朝「ありがたいな〜」「おかげさまです」と唱える習慣を続けました。その結果、新学期に担任の先生との良好な関係が生まれ、子どもは毎日学校に通えるように。「家庭全体が明るくなり、自分の時間も充実するようになった」と喜びを語っています。

感謝の波動が人生を変える理由

「ありがたいな〜」や「おかげさまです」といった感謝の発話は、波動を高める最強のエネルギーです。この波動は「出したらくる」の法則に従い、さらに感謝できる出来事を引き寄せます。小さな感謝が連鎖することで、毎日がラッキーな出来事で満たされるのです。

まとめ

困難や課題に直面しても、感謝の発話を続けることで、自力モードから他力モードへと移行し、ラッキーを具現化することができます。日常の些細な出来事にも感謝を忘れず、朝起きた瞬間や、毎晩眠りに着く前に、「ありがたいな～」や「おかげさまです」と発話してみてください。このシンプルな習慣が、あなたの人生を劇的に変える一歩となるでしょう。

9　自然と使命へ導かれる在り方を体得せよ

現代波動学では、「心は自分のために使い、頭は人のために使う」という生き方が、自然界の法則に則り、使命へと導かれるための最善の在り方とされています。このシンプルな原則を日常生活に取り入れることで、波動を高め、人生を豊かに好転させることが可能です。本稿では、この在り方の理論と、成功事例を交えた具体的な実践法を解説します。

心は自分のために使う

心（感情）は自分自身のために存在しています。自然界の法則では、感情は快・不快というシンプルな指針を通じて、私たちに正しい方向性を示します。快い感情をもたらす人や出来事に近づき、不快なものから離れる行動を取ることで、自然と使命に導かれ、波動が上がり、「出したら来る」という自然界の法則が働き、好ましい現実が具現化します。

逆に、心を無視して行動すると、波動が乱れ、結果として使命から遠ざかる可能性があります。まずは自分の感情に正直になり、行動を選ぶことが重要です。

頭は人のために使う

頭（思考）を自分のために使うと、不安や欲望、恐れといった低い波動を生み出し、自分を守ろうとする保身的な思考に陥りがちです。これが「奪う波動」をつくり、結果的に得たものを失う悪循環を招きます。

頭を人のために使うと、「与える波動」が生まれます。与える行為は、徳を積む生き方であり、結果として良縁や豊かさが具現化します。頭を人や社会のために活用することが、波動を整え、使命に導かれる鍵となるのです。

成功事例

• Ａさん：事業を成功に導いた職人

職人気質のＡさんは、長年、自分のこだわりを優先し商品をつくり続けていましたが、顧客ニーズを無視していたため売上が伸び悩んでいました。そこで、自分の思考を「顧客の求めるもの」に切り替えたところ、口コミや紹介が増加。事業が軌道に乗り、心の信念を貫きながら成功を収めることができました。

- Bさん：恋愛が成就した男性

Bさんは、意中の彼女に好かれるためにデートプランを工夫しましたが、関係は友達止まり。しかし、彼女の悩みや願望を理解し、それをサポートする思考に切り替えたところ、彼女から「付き合ってほしい」と告白され、恋愛が成就しました。

- Cさん：情報発信で成功を掴んだ元投資家

Cさんは、収益を追い求めたビジネスや投資で失敗が続き、借金を抱えていました。「自分と同じ失敗をしてほしくない」という思いで、自身の経験を発信し始めた結果、多くのフォロワーを獲得。月収５００万円を達成し、経済的にも精神的にも成功を手にしました。

まとめ

「心は自分のために使い、頭は人のために使う」という在り方は、人間本来の自然界の法則に調和した生き方であり、徳が生まれ、恩恵を受ける循環が生じます。この循環は「出したら来る」という法則に基づき、自然と使命へと導かれる道となるでしょう。

ぜひ、今日からこの在り方を意識し、実践してみてください。